AF325050

J.-C.-ALFRED PROST

Le Comte

DE

Ruolz—Montchal

MUSICIEN

PARIS

NOUVELLE LIBRAIRIE PARISIENNE

ALBERT SAVINE, ÉDITEUR

12, RUE DES PYRAMIDES, 12

1890

Tous droits réservés.

LE COMTE

DE

RUOLZ-MONTCHAL

MUSICIEN

J.-C.-ALFRED PROST

Le Comte

DE

Ruolz–Montchal

MUSICIEN

PARIS

NOUVELLE LIBRAIRIE PARISIENNE

ALBERT SAVINE, ÉDITEUR

12, RUE DES PYRAMIDES, 12

1890

Tous droits réservés.

CHAPITRE I

Rencontre avec De Ruolz.

Vers la fin de l'année 1883, étant en
visite chez un ami où nous passions quel-
ques-unes de nos soirées du mardi, il nous
parlait d'un ami à lui, homme du monde
accompli, joignant au prestige d'un grand
nom une renommée scientifique universelle,
un talent bien rare d'artiste, de poète, d'é-
crivain, une modestie, une délicatesse de
manières que l'on a trop peu souvent l'occasion de rencontrer; puis il ajoutait : cet
homme extraordinaire, si exceptionnellement
doué, auquel j'aurai autant de plaisir à vous
présenter que, j'en suis persuadé, vous en
éprouverez à faire sa connaissance, c'est
le comte Henri de Ruolz-Montchal.

Ce nom, sonnant à l'oreille comme une
agréable musique, ne se fut pas plus tôt

échappé de sa bouche qu'il nous rappela un lointain souvenir.

Nous reportant, par la pensée, au temps où nous assistions au cours élémentaire de physique et de chimie qui nous était fait dans le grand amphithéâtre d'une école de Besançon, nous nous souvenions de la grande surprise que nous causait un professeur lorsqu'il nous émerveillait en transformant, grossièrement il est vrai, sous nos yeux, une lame de métal brut en ce qui nous semblait de l'or ou de l'argent, et en nous disant qu'il venait de faire ce que, dans l'industrie, on appelait du *ruolz*.

Ce professeur ignorait lui-même que l'homme qui, au prix d'études, de recherches, de manipulations dont il est impossible de se rendre compte, avait attaché son nom à une des plus grandes découvertes du siècle, en révolutionnant tout ce qui touche à l'orfèvrerie, à la bijouterie, à l'art galvanoplastique; que cet homme prodigieux, non seulement vivait encore, mais qu'il avait, depuis, accumulé recherches sur recherches, découvertes sur découvertes, inventions sur inventions, à tel point que s'il avait eu le temps et les moyens de développer toutes ses idées, elles eussent, pour ainsi dire, transformé toute l'industrie métallurgique, tant il surpassait ses contemporains.

Inutile de dire avec quelle impatience nous attendions cette présentation aussi vivement désirée que gracieusement offerte : pour rien au monde nous n'eussions manqué un des mardis de notre ami.

Enfin le jour heureux arriva. Un soir que nous gravissions l'escalier de la maison qu'il habitait, nous nous sentîmes bercé par une de ces douces et suaves mélodies qui, en vous emplissant l'âme d'un charme indéfinissable, vous transportent dans un milieu de ravissement tel qu'on y perd toute conscience des choses matérielles. Le cœur nous battait à se rompre dans la poitrine : on eût dit que le génie de cet homme qui jouait, comme personne n'aurait pu le faire, un morceau de sa composition, dégageait dans tout le milieu ambiant au sein duquel il se trouvait, comme un fluide magnétique qui nous étreignait à mesure que nous en approchions et que nous y pénétrions.

La mélodie achevée, le maître de céans nous présenta, évoquant auprès de celui dont la science et le talent nous surpassaient au point de nous en sentir humilié, le seul de nos titres à sa bienveillance qu'il crut ne pas devoir être indigne de lui : notre amitié filiale pour une mère, sur la mort de laquelle nous venions de publier une brochure favorablement accueillie.

De Ruolz vint à nous, nous tendant la main avec cette séduction de grand seigneur innée en lui ; nous félicitant de l'idée que nous avions eue ; nous parlant de sa mère comme un tel homme savait parler de celle qu'il avait tant aimée, tout en nous manifestant le désir de lire notre ouvrage. Ne sachant comment le remercier de sa bienveillance, nous nous permettions de lui en offrir un exemplaire, en l'assurant que nous nous trouvions très honoré de pouvoir le lui faire connaître.

Plusieurs fois, dans la soirée, nous eûmes l'occasion d'être, de sa part, l'objet de si gracieuses attentions, qu'en le quittant nous lui étions tellement dévoué que nous l'aurions suivi au bout du monde s'il nous l'eût demandé.

Le lendemain, nous recevions de lui une lettre que nous considérons encore comme un de nos plus grands titres de gloire, puisqu'elle scellait, entre nous, cette amitié dont nous avons eu tant de fois l'occasion d'apprécier la sincérité et l'extrême délicatesse ; amitié qui ne devait être rompue que quelques jours avant sa mort, lorsque, n'étant pour ainsi dire plus qu'un cadavre, on l'arrachait trop tardivement à son modeste appartement de la rue Saint-Guillaume pour le transporter à Neuilly, où il devait mourir seul, si honteusement et si pitoyablement abandonné.

Il nous avait présenté lui-même à Madame de Ruolz qui, répondant au désir de son mari, nous avait donné *leur jour*, en nous invitant à leur faire visite.

Nous ne nous voyions, à notre grand regret, guère que l'hiver, soit chez notre ami
commun, soit à leurs réceptions du vendredi;
car, dès que le printemps arrivait, ils par-
taient pour Versailles ou pour l'Anjou, d'où
ils ne revenaient souvent qu'avec l'automne.

Ces trop courtes relations dans lesquelles
la bonne gaîté de Madame de Ruolz ajoutait
à la distinction, à l'enjouement si digne, si
noble, si affable du comte, se rompirent par
la mort subite de cette charmante femme qui
survint le 9 mai 1885.

Par une de ces fatalités trop fréquentes
dans les grandes villes, la lettre de part nous
annonçant cette catastrophe, ne nous parvint
point, ainsi qu'à plusieurs autres de leurs
amis. Nous n'eûmes même pas la satisfaction de pouvoir exprimer à cet homme que
nous affectionnions, que nous vénérions plus
que tout autre, la part que nous prenions à
son inénarrable chagrin.

Ce ne fut qu'en automne, à l'époque où
devaient recommencer nos petites réunions,

que nous apprîmes la mort de Madame de
Ruolz, par l'ami qui nous avait présentés
l'un à l'autre.

Nous partîmes immédiatement pour Auteuil, où ils étaient allés demeurer, afin de
réparer, autant que faire se pourrait, auprès
de celui que nous pensions trouver écrasé
par la douleur, ce manquement involontaire
à un devoir que nous étions navré de n'a-
voir pu remplir en temps opportun.

Après avoir vécu quelques mois où lui
avait été enlevée celle dont la séparation le
torturait, de Ruolz n'y était resté que pour
servir, pour ainsi dire, de garde à ce cadavre,
près duquel il allait prier chaque jour, tant
qu'il fut déposé dans les caveaux de Notre-
Dame d'Auteuil, en attendant son transfère-
ment dans une sépulture de famille au Père-
Lachaise.

Cherchant non pas l'oubli qui était impossible, mais seulement un peu moins de
cuisantes souffrances, il espérait les trouver,
à l'avenir, en revenant habiter le quartier
Saint-Sulpice, rempli pour lui d'anciens sou-

venirs, où demeuraient plusieurs de ses amis, notamment le digne abbé Sutin qu'il désirait avoir auprès de lui à ses derniers moments.

C'est là que nous le retrouvâmes, au n° 28 de la rue Madame, atterré, méconnaissable, ressemblant à un spectre appuyé sur un bâton, tant il était brisé, courbé, anéanti par la douleur.

Lui-même ne nous reconnaissant point, nous regarda longtemps, comme pour rechercher bien loin dans des souvenirs depuis des années disparus. Nous étions si frappé de la transformation physique qu'il avait subie que nous n'osions dire un mot.

Nous croyons qu'il comprit la part que nous prenions à sa douleur, comme autrefois il avait remarqué combien nous étions sensible à l'insigne honneur qu'il nous avait fait en nous accordant son amitié. S'étant fait rappeler notre nom, nous vîmes ses yeux se remplir de larmes; puis s'appuyant sur notre bras, il nous entraîna dans sa chambre où, d'une voix étouffée par les sanglots, il nous dit :

« Vous n'avez sans doute pas reçu la
« lettre..... de part..... ; j'ai été moi-même
« foudroyé par le chagrin, de même que ma
« pauvre femme l'a été par la mort..... ; je
« n'ai pu m'occuper de rien..... ; il y a eu
« peut-être un oubli..... ; peut-être la faute
« de la poste..... »

Après lui avoir assuré que nous ne l'avions
pas reçue, que pour rien au monde nous n'aurions manqué à un devoir que nous consi-
dérions comme sacré, il ajouta :

« Plusieurs autres de mes amis que, comme
« vous, j'aurais aimé à avoir auprès de moi
« en pareille circonstance, ne s'y sont pas
« trouvés pour le même motif. Comme à
« eux, croyez-le, je ne vous en ai point tenu
« rancune ; seulement, puisque vous atta-
« chiez quelque prix à mon amitié au temps
« où j'étais si heureux que je ne pouvais sup-
« poser voir s'effondrer si subitement mon
« bonheur, par un implacable revirement de
« toutes les lois de la nature, laissez-moi
« vous prier de me faire la charité de quel-
« ques visites. Nous reparlerons des beaux

« jours, de nos petites soirées, de nos réu-
« nions, de ma chère morte qui vous estimait
« beaucoup ; vous me soutiendrez, vous
« m'aiderez ainsi, par votre présence, à mar-
« cher moins durement dans ce qui me reste
« d'existence, car je voudrais bien, hélas !
« voir venir la fin. Comme vous pouvez le
« penser, tout s'est brisé en moi lorsqu'elle a
« disparu : nous ne nous étions jamais quit-
« tés !..... La vie m'est devenue épouvan-
« table ; j'ai constamment devant les yeux
« ce coup de foudre ; je la vois tombant dans
« mes bras, sans pouvoir me dire un mot,
« tandis qu'il me semblait sentir s'envoler
« son âme qui laissait à la mienne le soin de
« la pleurer. Cet affreux spectacle est d'au-
« tant plus cruel pour moi que je n'ai plus,
« comme autrefois, ni la force, ni la santé
« pour chercher, non pas des distractions,
« mais au moins un dérivatif dans le tra-
« vail. »

— Mon cher comte, repris-je, vous savez
l'admiration sans bornes que j'ai pour votre
science et votre talent, l'amitié inébranlable

que je vous ai jurée. Si je puis vous être de quelque utilité, faites-moi, de votre côté, je vous en supplie, le charitable plaisir de disposer de moi en dehors de mes heures de bureau, dont je ne puis, à regret, me dispenser, puisqu'elles constituent mes seuls moyens d'existence. De plus, puisque vous me parlez de la Mort avec la sérénité du sage, qui peut lui sourire lorsqu'elle s'avance, parce qu'il a la conscience d'avoir bien rempli sa tâche, je crois devoir demander à votre bonne amitié la permission d'émettre un avis ou plutôt de formuler devant vous un désir : celui de ne pas laisser, bien que le plus tard possible, disparaître entièrement avec vous une vie si noblement remplie.

Il me semble que ceux que vous avez autant aimés qu'édifiés par vos vertus et la délicatesse de procédés dont vous avez usé envers eux ; que votre pays, au bien duquel vous vous êtes dévoué, que vous avez si bien servi et tant enrichi par le fruit de vos découvertes, de vos travaux, ont encore quelque chose à attendre de vous.

N'auraient-ils pas, pour la première fois peut-être, après votre mort, l'occasion d'accuser votre mémoire, je ne dirai pas d'égoïsme, mais d'oubli ou plutôt d'abandon, si, entrant tout rayonnant dans la gloire, dans le bonheur qui vous attendent, vous ne leur procuriez, pour l'avenir, au moins cette douce et consolante satisfaction que l'on désire retrouver quand on a perdu un être aimé : satisfaction qui est de commercer encore avec lui, en relisant, aux heures terribles où la nostalgie rend sa perte plus cruelle, tous les détails de sa longue et glorieuse carrière ?

Parmi toutes les célébrités que vous avez connues, beaucoup aimeraient, sans doute, à attacher leur nom à une aussi belle histoire; mais si nombre d'entre eux pourraient le faire avec plus de science, plus de talent, nul, je vous l'assure, n'y mettra plus de cœur et de dévouement que celui qui, aujourd'hui, devant vous, vous demande de lui accorder comme gage de l'amitié dont vous l'avez honoré, la permission d'écrire votre biographie.

Sans valeur, sans prétention de gloire aucune pour moi-même, je mettrai toute la mienne à faire revivre la vôtre, en retraçant, aussi fidèlement que possible, l'origine de votre grande famille ; en ravivant, aux yeux de ceux qui les ignorent, ou qui, les connaissant, les auraient oubliés, les faits les plus glorieux des plus illustres de vos aïeux.

Je relèverai, autant que faire se pourra, le portrait de cette digne, sublime et sainte femme que vous aurez eu le bonheur d'avoir pour mère. Vous m'avez dit autrefois vous-même comment après avoir entouré votre enfance de toutes les caresses, de toutes les tendresses dont une mère seule est capable, elle a su inculquer si puissamment dans votre esprit précoce ces notions du juste, du beau, du grand, qui, y trouvant une terre si fertile, ont pu y germer, y naître, s'y développer sous sa direction vigilante. C'est à votre première éducation, j'en suis convaincu, que vous devez d'avoir pu acquérir ce sentiment du devoir, cet amour du travail, ce désir de gloire, cette vivacité d'intelligence, cette in-

génuosité de recherches, cette soif du *pourquoi*, ce besoin incessant du *toujours plus
haut*, qui vous ont permis de faire rayonner
d'une auréole nouvelle les titres déjà si illustres de vos ancêtres, à tel point que le nom
de Ruolz ne sera prononcé dans le monde
entier que comme synonyme de travail, de
science, de loyauté et d'honneur.

A l'aide de notes que je recueillerai de
votre bouche, je pourrai, en me permettant
de vous poser moi-même quelques questions,
aborder la période de votre belle carrière où,
armé de pied en cap, tant au point de vue
intellectuel qu'au point de vue moral, pour la
lutte ainsi que pour le succès, vous êtes entré
dans la vie où vous avez brillé d'un si puissant éclat comme musicien, comme chimiste,
comme inventeur, comme ingénieur, comme
administrateur, comme médecin, comme lit-
térateur, comme homme du monde.

Je prendrai à tâche, j'aurai à cœur, avec
toute l'énergie, toute la force de volonté et de
caractère dont je pourrai disposer, de rétablir
les faits sous leur vrai jour, de venger votre

grande mémoire des bassesses dont on vous aura abreuvé. Enfin je mettrai à jour, avec preuves à l'appui, les honteux et indélicats procédés dont se sont servis des pauvres d'esprit autant que d'honorabilité et de mérite, tant pour accaparer votre gloire que pour s'approprier vos plus belles, vos plus patriotiques découvertes.

Je ne saurais non plus passer sous silence la douloureuse époque durant laquelle, ayant glorieusement couronné votre carrière par une œuvre d'utilité toute nationale, vous pouviez espérer profiter d'un repos si légitimement mérité, en vous consacrant tout entier au bonheur de votre digne compagne. C'est alors que la Mort, comme si elle eût été jalouse de votre bonheur, est venue aussi soudainement que terriblement frapper derechef à la porte de votre logis. Bien qu'il ne m'ait pas été donné, en ces jours cruels, d'avoir pu être témoin de votre indicible malheur, j'aurai vu d'assez près votre immense douleur, les ravages qu'elle vous cause, pour qu'il me soit possible d'en faire la peinture. Vous, ainsi que le petit nombre de ceux qui, avec moi, ne doivent plus vous quitter, m'aurez assez parlé du jour néfaste pour que je puisse en parler moi-même avec quelque vérité. —

Après avoir adopté le plan que nous venions de lui exposer et nous avoir assuré que nul ne pouvait mieux entrer dans ses vues, ni se conformer plus exactement au programme que nous venions de tracer, de Ruolz nous autorisa à nous mettre à l'œuvre, sous la réserve expresse que *pas une ligne de sa biographie ne paraîtrait durant sa vie.* Il nous imposait cette condition dans le seul but de ne pas ajouter à la douleur morale qui le torturait la pensée que des polémiques, provoquées par l'historique de ses découvertes, pourraient raviver des souvenirs déjà trop pénibles par eux-mêmes.

Sans nous dissimuler les difficultés de la tâche que nous entreprenions, nous nous mîmes à réunir, sous sa direction, les matériaux qui, à défaut de sa mémoire, pouvaient nous faire juger avec connaissance de cause, des faits remontant à une époque déjà éloignée.

Nous croyons avoir puisé aux sources les plus authentiques, les plus dignes de foi, tout ce qui a été écrit sur de Ruolz par les hommes les plus honorables, les plus consciencieux, les plus compétents.

Outre sa parole qui ne saurait être mise en doute, nous avons voulu rechercher la vérité partout où il nous a été possible de la découvrir : aussi bien parmi ses critiques que dans les pages nombreuses et élogieuses qui lui ont été consacrées.

Du mois de février 1886 à la fin d'août 1887, trois, quatre, souvent cinq et six fois par semaine, de huit à dix heures du soir, nous montions ce que nous avions fini par désigner sous le nom euphémique de *notre tour de garde* près de lui.

Seul à seul, après avoir passé en revue l'état de sa santé depuis notre dernière entrevue, parlé brièvement des événements du jour, il abordait, chaque fois qu'il n'en était pas empêché par la maladie, une des périodes de sa longue carrière. Il nous racontait avec un charme indéfinissable, une facilité d'élocution, un choix d'expressions, une vivacité d'esprit encore remarquables, les principaux faits dont il avait été le héros, l'auteur ou le témoin. Il nous parlait souvent surtout de cette brillante époque de mil-huit-cent-trente, qui avait été la plus heureuse de sa vie, ainsi que de toutes les célébrités qui l'avaient illustrée. Il nous en faisait, avec une mémoire bien nette, une haute intelligence, non seulement l'histoire écrite, mais aussi celle que l'on n'imprime pas toujours, pour des motifs si divers, qu'ils expliqueraient souvent bien des sous-entendus et dissiperaient tant de doutes !

C'est à cette source, précieuse entre toutes, que nous avons recueilli nombre de détails, de documents complètement inconnus, mais se rapportant tous, ainsi que nous avons pu nous en assurer, soit aux mémoires des hommes illustres, soit aux comptes rendus des corps savants que nous aurons à citer.

Bien souvent cette espèce de journal bi ou

tri hebdomadaire, sur lequel nous consignions nos notes ou nos réflexions personnelles, dut être interrompu pour diverses causes dont la plus fréquente était une faiblesse de plus en plus grande, provenant de l'aggravation constante de sa maladie.

D'une nature excessivement impressionnable, d'un tempérament nerveux à l'excès, surexcité encore par une insomnie dont il ne pouvait avoir raison qu'à l'aide de puissants narcotiques, de Ruolz était devenu, depuis la mort de sa femme, d'une sensibilité telle que la moindre émotion, la plus petite variation de température lui faisaient un mal atroce, ou le mettaient dans un état de surexcitation impossible à décrire.

Maintes et maintes fois les soirées se passaient sans qu'il pût proférer autre chose qu'une plainte continuelle. Changeant constamment de place, se promenant d'une pièce à l'autre de son appartement, appuyé d'une main sur sa canne et tenant de l'autre un thermomètre qu'il observait fréquemment, il faisait d'autant plus de peine à voir qu'on ne pouvait lui procurer aucun soulagement et qu'il n'y avait d'autre remède à lui donner que celui de lui faire attendre patiemment la fin de la crise en cherchant à attirer son attention sur quelque chose pouvant l'intéresser.

Lorsqu'à la fin de la veillée, nous prenions congé de lui, il s'excusait de ne pouvoir mieux répondre à ce qu'il qualifiait de soirée bien perdue pour tous deux. Nous lui remettions une note sur notre causerie de l'avant-veille, avec le résumé que nous en avions fait et le questionnaire qui s'y rattachait. Ces crises étant parfois suivies de quelques heures de sommeil réparateur, de Ruolz utilisait ses instants d'insomnie et de solitude nocturnes en jetant sur des feuilles éparses : soit les idées qui lui venaient à l'esprit, soit les réponses au questionnaire que nous lui avions laissé, soit enfin les indications suffisantes pour que nous puissions continuer nos recherches sur les sujets de nos conversations précédentes.

Cette espèce de testament biographique, commencé en novembre 1885, se termina, pour les causes que nous ferons connaître ultérieurement, le 10 septembre 1887.

Le 14 du même mois, de Ruolz, dans un état d'affaiblissement de plus en plus grand, se voyait soi-disant emmené à la campagne où il s'éteignait tristement et *seul*, dans la nuit du 30 septembre 1887.

C'est le résultat de cette étude, ainsi commencée durant sa vie, puis continuée sans interruption depuis sa mort, que nous offrons aujourd'hui au public. Puisse-t-il ne pas la trouver trop indigne de l'homme éminent, si peu connu de ses contemporains, que nous avons pris à tâche de faire revivre.

Ecrire la vie d'un homme qui, comme savant, peut être classé au rang de ceux ayant le plus honoré leur pays et fait le plus pour sa prospérité; qui a conquis une place importante dans les arts, dans les lettres; qui a occupé longtemps de hautes fonctions administratives, c'est pour ainsi dire écrire l'histoire de toute une époque.

Nous n'aurons pas la sotte et ridicule prétention d'élever notre jugement à la hauteur de celui des sommités qui, dans toutes les langues, dans tous les pays, ont au temps déjà éloigné de ses découvertes et de ses travaux, embouché la trompette pour les décrire, les louer comme ils le méritaient. Notre rôle, beaucoup plus modeste, consistera seulement à faire l'historique de ses œuvres ; à les classer, autant que possible, dans un ordre chronologique ; à les présenter accompagnées des critiques les plus célèbres, les plus sincères, que le Temps, ce grand *disperseur*, mais aussi ce grand *collectionneur*, a jetées de tous côtés. Nous les reproduirons, sinon dans leur ensemble, au moins dans leur esprit, de manière à les conserver comme elles ont tant de droits de l'être, tant au point de vue de l'histoire contemporaine, que de l'intérêt qu'elles peuvent avoir pour les curieux, le public, les industriels, les artistes, les savants, auxquels cet ouvrage s'adresse plus particulièrement.

CHAPITRE II

Origine de Ruolz.

Si la belle pensée de Corneille rendue en termes si éloquents dans un de ses vers les plus élégants, a été, est ou sera toujours vraie :

Qui sert bien son pays n'a pas besoin d'aïeux,

on pourrait, avec justice, l'appliquer à de Ruolz plus qu'à tout autre. Nul en effet n'a eu moins que lui besoin d'autrui pour se faire un nom immortel à plus d'un titre, puisque ce nom est aujourd'hui aussi populaire dans la plus humble des chaumières que dans les plus somptueux palais.

Beaucoup de personnes le prononcent parfois sans connaître les mérites de celui qui l'a tant honoré; mais le petit nombre de ceux qui ont été à même de l'apprécier ou de se rendre compte de ses découvertes, ont pour lui la légitime admiration que lui valent des inventions répondant le mieux aux nombreux besoins de notre époque.

Nous pourrions, sans amoindrir en rien l'éminent personnage qui fait l'objet de cette étude, ne livrer de sa vie au public que le récit de ce qu'elle a été depuis que, comme un astre de première grandeur, elle a conquis, assuré et maintenu si brillamment sa place dans le ciel étoilé des gloires de la France, mais nous craindrions que l'on en vînt à nous poser les questions suivantes : d'où vient ce prodige ? est-il au moins bien à nous ? pour que nous puissions, quoique tardivement (cela arrive, hélas ! malheureusement à presque tous nos grands hommes), l'admirer, comme il mérite de l'être, et rendre à sa mémoire les honneurs que sa modestie n'eût pas permis d'accorder à sa personne de son vivant.

C'est en vue de répondre à ces objections que nous avons cru devoir esquisser rapidement l'origine de sa famille, en citant seulement les plus illustres de ses aïeux.

De Ruolz, seigneur de Brossain, du Vergier, des Trois-Fourneaux, de la Rousselière, de Francheville, de Châtelard, de Champonnost, marquis de Ruolz-Montchal ;

En Suisse, Vivarais, Lyonnais, etc.

Armes pleines : d'azur à trois fusées d'or accolées en fasce ;

Timbre : un casque d'argent de 3/4 à 5 grilles d'or ;

Cimier : un lévrier issant d'or ;

Supports : 2 lévriers au naturel, assis, accolés de gueules cloués d'or ;

Devise : « *Tousiours prest.* »

Livrée : La livrée de Ruolz était, avant la Révolution de 1789, habit chamois, veste bleu clair, galons chamois et bleu.

La branche de Ruolz-Montchal porte : écartelé au 1 et 4 de Ruolz, comme ci-dessus ; au 2 et 3, de gueules, au chef d'or, chargé de 3 molettes d'azur, qui est de Montchal.

Timbre : une couronne de marquis.

Cimier : un sauvage issant de carnation, tenant, de la dextre, une lance burelée d'or et de gueules, le fer portant une couronne de laurier et garnie d'une double banderolle sur laquelle on lit : à dextre, le cri « *Mont-chal ;* » et, à senestre, la devise « *Je l'ay gaignée.* »

Supports : deux lévriers comme Ruolz plein.

Devise : « *Tousiours prest.* »

La branche de Ruolz-Fontenay portait : écartelé au 1 et 4 d'argent, à 2 lions léopardés de sable, passant l'un sur l'autre, armés, couronnés et lampassés de gueules qui est de Fontenay; au 2 et 3 de Montchal (comme ci-dessus), sur le tout de Ruolz.

Timbre : une couronne de comte.

Cimier, supports et devise, comme Ruolz-Montchal.

La tradition et divers documents tendent à prouver que la maison de Ruolz, d'origine étrangère, viendrait des frontières du canton d'Argovie (Suisse).

Dans une notice sur Paracelse et les guerres des Anabaptistes, *Un Médecin d'autrefois* (Paris, Ambroise Dupont, 1838), M. Fabre d'Olivet cite, au nombre des chefs de la Ligue de la noblesse de ces frontières : Adhelbert von Ruolz et le comte de Reinach qui possédait le château de ce nom, situé entre Bruck et Aarau, près de l'ancien monastère de Kœnigsfelden (Argovie).

Tout porte à croire que c'est un des descendants de la famille d'Adelbert von Ruolz qui vint s'établir à Serrières en Vivarais, vers 1450, et qui s'y fixa ; car on voyait ses armes reproduites sur un des vitraux de l'église des Pénitents de Notre-Dame-de-Pitié.

Un acte passé devant Chalandard, notaire, pour une fondation faite par Jean-Pierre de Ruolz, établit que : « ce seigneur « de Ruolz a un banc au coing droit du « cœur de la dicte chapelle et ses armes ès la « vitre, au-dessus, lesquelles y sont depuis « l'établissement et bâtisse de la dicte cha- « pelle. »

Ainsi que le démontre l'arbre généalogique que nous avons sous les yeux, le comte de Ruolz descend en ligne directe de Jean de Ruolz, seigneur de Brossain, qui paraît et se trouve cité, pour la première fois, au contrat de mariage de son fils Mathieu de Ruolz, en 1593.

Bien que l'origine de cette maison ne commence qu'à ce personnage, on peut bien supposer, qu'à cette date, elle formait au moins déjà le 3ᵐᵉ degré.

La famille de Montchal s'est éteinte en la personne de Charles-Louis, marquis de Montchal, qui substitua à ses nom, titres et armes, son cousin, Jean-Pierre-Marie de Ruolz, par testament reçu Buglot, notaire à Paris, le 4 mai 1686. A partir de cette époque la maison de Ruolz écartela de Montchal : de gueules au chef d'or, chargé de trois molettes d'éperons d'azur.

Cette famille de Montchal n'était ni moins ancienne, ni moins célèbre que celle de Ruolz, puisque le premier auteur connu fut : Geoffroy de Montchal, écuyer, seigneur dudit lieu, qui vivait en 1265. Son château était peu éloigné de Bourg-Argental.

Il n'entre pas dans le plan de cette étude de faire l'historique complet de tous les personnages célèbres qui sont issus de ces glorieuses, de ces illustres lignées : des volumes ne suffiraient point à relater leurs hauts faits et leurs actions d'éclat. Nous dirons seulement que, dès son origine, la famille de Ruolz n'a cessé de se distinguer : dans le clergé, dans l'armée, dans l'administration, dans la magistrature, dans les sciences et les lettres.

Elle a donné au Clergé : un docteur en Sorbonne, abbé mitré, aumônier du roi Louis XIV ; un prieur de Saint-Philippe et Saint-Jacques d'Annonay ; un chapelain de l'ordre de Malte ; un prêtre de la Compagnie de Jésus ; un supérieur des chanoines réguliers de Saint-Augustin ; un chanoine régulier du même ordre ; une supérieure des Ursulines ; une chanoinesse de Sainte-Anne de Munich.

A l'Armée : un chef de la Ligue de la noblesse des frontières de Suisse et d'Allemagne, pendant la guerre des paysans de Souabe, en 1524 et 1525 ; un capitaine et gouverneur des ville et château de Virieu ; un capitaine châtelain de Serrières ; un chef de l'arrière-ban en 1672 ; quatre capitaines dont deux ont eu commandement de régiments ; un lieutenant de vaisseau ; un capitaine du génie ; un lieutenant d'état-major ; deux lieutenants et un sous-lieutenant d'infanterie ; deux chevau-légers des ordonnances du roi. Elle a reçu deux commissions de cent hommes de guerre, en 1593 et 1655 ; et quatre de ses membres sont morts au service du roi.

A l'Administration et à la Magistrature : un bailli d'Annonay ; un président des Etats du Vivarais ; un député de la noblesse du Vivarais aux Etats du Languedoc ; un maître d'hôtel du roy (1646) ; un écuyer du roy (1652) ; un page de Monsieur (1787) ; deux conseillers en la Cour des Monnaies de Lyon ; un chevalier d'honneur en ladite cour ; un lieutenant-général d'épée en la Sénéchaussée du Lyonnais, Forez et Beaujolais; un membre pour la noblesse à l'Assemblée provinciale du Lyonnais en 1789, qui y fut nommé scrutateur; un membre du Conseil municipal de Lyon; deux administrateurs élus des hospices de cette ville; un inspecteur général des chemins de fer; trois membres de l'Académie des sciences, belles-lettres et arts de Lyon.

Elle a fourni ses preuves : pour l'ordre de Malte, en 1674 et 1789; pour les Etats du Languedoc, en 1660 et 1672; pour l'Ecole militaire, en 1755; pour les pages de Monsieur, en 1787; pour la sous-lieutenance, en 1788; pour le chapitre noble de Sainte-Anne de Munich, en 1838. Elle a rendu plusieurs hommages au roy, notamment en 1731, 1761, 1765, 1776 et 1783.

Elle a fait plusieurs fondations, entre autres à Serrières, en 1776; à Francheville-ès-Lyon, en 1683, 1689, 1699, 1762. Elle avait le patronage et le droit de nomination aux prébendes et chapelles fondées en Vivarais, par ses ancêtres de la maison de Montchal.

On compte parmi ses membres : un chevalier et un chapelain de l'ordre de Malte ; deux chevaliers de l'ordre de Saint-Louis ; un chevalier de Saint-Lazare ; un officier et trois chevaliers de la Légion d'honneur ; un commandeur de Charles III d'Espagne ; un commandeur de première classe de l'ordre de Sainte-Anne de Russie.

De nos jours elle a obtenu : quatre médailles d'or, six médailles d'argent, sept primes d'honneur, cinq mises hors concours dans les comices agricoles ; la coupe d'argent et la prime d'honneur décernées, tous les sept ans, à la plus belle exploitation agricole ; un grand prix de l'Académie des sciences ; une médaille d'or à l'Exposition nationale de l'industrie, et enfin une médaille à l'Exposition des beaux-arts.

CHAPITRE III

Naissance de Ruolz.

Henri-Catherine-Camille, comte de Ruolz-Montchal, était né à Paris, ex-X⁰ arrondissement, le 5 mars 1808, dans une maison de la rue de Bellechasse, portant le n° 15 (acte de naissance dressé le 7 du même mois et jugement rectificatif du Tribunal de la Seine, du 3 août 1869).

Il était fils unique de Philippe-Joseph, comte de Ruolz-Montchal, chevalier de Malte, qui fut un des premiers initiateurs des chemins de fer en France, et de Madeleine-Henriette de Fontenay, laquelle était elle-même fille unique de Henry, marquis de Fontenay, ex-page du roi, ancien trésorier, ayant fait fonctions de chancelier de la Légion d'honneur, qui devint plus tard gouverneur de Chambord.

Retraité comme inspecteur général des chemins de fer, membre de la Société des ingénieurs civils, lauréat de l'Académie des sciences, officier de la Légion d'honneur, officier de l'Instruction publique, commandeur de 1re classe de l'ordre de Sainte-Anne de Russie, commandeur de Charles III d'Espagne, de Ruolz, qu'on peut à juste titre, croyons-nous, considérer comme le Léonard de Vinci du xixe siècle, est décédé à Neuilly-sur-Seine, rue d'Orléans, nᵒ 2, le 30 septembre 1887, à dix heures du soir.

Né d'une mère chez laquelle le sentiment artistique était poussé à un très haut degré, il fut bercé, dès sa tendre enfance, au son des plus suaves mélodies que pouvait inspirer l'amour maternel; aussi montra-t-il de bonne heure des dispositions et des aptitudes toutes particulières pour la musique. Après avoir été son premier maître, lui avoir fait entendre, dans son salon, les amateurs les plus distingués, les compositeurs les plus célèbres, elle lui donna pour professeurs : Berton, Lesueur, Paer et... Rossini, qui n'avait, avant cette époque, jamais voulu con-

sentir à dépenser son génie en leçons particulières, pouvant profiter à un seul élève, et
qui n'y accéda que sur les instances pres-
santes de Berryer.

N'est-il pas étrange de voir deux hommes
aussi remarquables, avec des talents aussi
grands, aussi divers que Berryer et Rossini,
puisque l'un était déjà la gloire du barreau,
l'autre, celle de la scène, présider, pour ainsi
dire, à l'une des branches de l'éducation du
jeune homme auquel ces esprits si profonds
prédisaient les plus hautes destinées ?

Un tel élève entre les mains de tels maîtres ! C'est à se demander, après avoir entendu : *Lara, les Nuits de Naples, la Vendetta,* jusqu'à quelle hauteur serait monté
son talent, si, par un contrecoup de la fortune, de Ruolz n'eût été, lorsqu'il commençait seulement à acquérir l'expérience du
théâtre, contraint de s'arrêter subitement en
pleine force de composition, sur la voie qu'il
parcourait déjà si brillamment. Dans les ouvrages qu'il a, hélas ! laissés inachevés, comme
dans ceux qu'il rêvait de composer encore (il

n'avait que trente-deux ans), qui sait s'il ne nous eût pas été donné de posséder de lui quelque chose comme un autre *Guillaume Tell*, un autre *Requiem*, ou l'une de ces pages sublimes qui, en art musical, sont la caractéristique de toute une époque ?

Si ce bonheur nous a été refusé, il nous reste au moins la satisfaction de l'entrevoir en citant les ouvrages dont il est l'auteur, et en passant en revue ceux qui ont le plus attiré sur lui l'attention du monde artistique.

Fidèle à la ligne de conduite que nous nous sommes tracée, nous nous ferons ici simple historiographe et non critique : la musique étant, selon nous, bien plus encore que les découvertes scientifiques ou industrielles, œuvre toute d'art, de génie et de sentiment, demande, pour être jugée convenablement, des connaissances spéciales que n'oserait afficher celui qui n'a d'autre prétention que celle d'aimer passionnément le beau, le grand, sous toutes leurs formes expressives.

Heureusement pour le public, l'œuvre musicale de de Ruolz a été jugée par des hom-

mes éminents, dans les connaissances ainsi
que dans le témoignage desquels on peut
avoir la plus grande confiance. Ce sont les
jugements portés par ces critiques hors ligne
que nous avons recueillis avec tout le soin
dont nous étions capable, qui serviront à
faire apprécier, à leur juste valeur, tant de
pages écrites, sur des sujets si divers, par un
homme à peine sorti de l'adolescence.

A côté de ces œuvres si précieuses pour
l'histoire de l'Art et qui, à elles seules, suffiraient pour nous faire aimer et admirer leur
auteur, nous ne pouvons nous empêcher
d'exprimer le regret que nous cause une
perte d'autant plus sensible qu'elle nous
semble irréparable.

De 1836 à 1840, de Ruolz a fait, en ama-
teur, la critique musicale dans un journal
aujourd'hui introuvable : *Le Messager des
Chambres*.

Fondé, en 1828, par MM. Walewski, Mar-
tignac, etc., dans le but de faire arriver au
pouvoir celui que le maréchal Soult qualifiait
si sévèrement d'intrigant, remuant et tur-

bulent *petit Foutriquet*, il n'en reste à la Bibliothèque nationale que 23 nᵒˢ de 1830; 3 nᵒˢ de 1839 et 4 de 1840. La Bibliothèque Sainte-Geneviève, celle de l'Arsenal, si connue pour ses collections de périodiques, n'en possèdent pas un seul exemplaire.

L'ancien catalogue de celle de la Chambre des députés en porte bien l'indication, mais avec un signe spécial en regard, indiquant suffisamment, croyons-nous, que ce journal y a existé autrefois et qu'il en a été retiré probablement (ceci n'est qu'une supposition de notre part), parce que les idées libérales qu'il exprimait n'étaient plus en concordance avec celles qui furent appliquées, quelque cinquante ans plus tard, au début d'une carrière politique active devenue mémorable.

Toutes les recherches que nous avons faites pour retrouver une collection complète de ce journal n'ont malheureusement abouti qu'à nous confirmer dans cette pénible impression : c'est que dans une ville comme Paris, dans un pays comme la France, qui se piquent l'un et l'autre d'être des foyers de lumière intellectuelle, des documents si précieux peuvent arriver à disparaître par la volonté de quelque personnage influent, sitôt que ces documents nuisent à sa manière de voir ou d'agir.

C'est donc dans *le Messager des Chambres* que de Ruolz a sans nul doute émis les théories musicales appliquées par lui dans ses œuvres, théories qui nous eussent été d'un si grand concours pour pouvoir en pénétrer toute la conception, en juger l'effet, en faire l'analyse et en traduire la pensée.

Débuts.

Le 28 mai 1830, à l'âge de 22 ans, de Ruolz débutait, sur la scène de l'Opéra-Comique, par une pièce en un acte qu'il donnait en collaboration avec Halévy.

A une époque où il est juste de reconnaître que la critique était plutôt sincère que vénale, voici en quels termes *le Moniteur officiel* du 29 du même mois, page 580, rend compte de cette représentation :

« *Opéra-Comique.* — Opéra en un acte, paroles de MM. Fulgence et Henri, musique de Ruolz et Halévy : *Attendre et Courir,* tiré de la fable de La Fontaine : *L'homme qui court après la fortune.* »

Après avoir rendu compte de la pièce, qui a paru « surtout très ingrate pour la musique qui vit de situations et de vers inspirateurs », le journal parle ainsi qu'il suit de cette musique :

« Il était difficile que les deux compositeurs fussent bien vivement inspirés par le poème. Aussi doit-on leur savoir gré d'être parvenus, habiles à profiter des ressources de leur art, à semer ce canevas d'une foule de traits charmants.

« La réputation de M. Halévy, auteur de *Clary* et du *Dilettante d'Avignon,* est faite. Cet opéra commence celle de M. de Ruolz, et un pareil début est pour lui le présage des plus heureux succès. »

Ce fut pendant cette période de 1830 à 1835 que de Ruolz, critique de mérite aussi fin que distingué, louait, avec un charme du meilleur goût : auteurs, acteurs et exécutants chez lesquels il reconnaissait de la valeur ou du talent ; sachant gourmander, toujours aussi spirituellement que malicieusement, mais dans un langage empreint de la plus exquise urbanité, les sots, les prétentieux ou les pédants qui foisonnent au théâtre plus que partout ailleurs.

Le sentiment d'extrême délicatesse qui a constamment été la règle de sa vie fut souvent, en pareille occurrence, mise à de cruelles et terribles épreuves ; mais on peut bien affirmer qu'il ne transigea jamais avec ce qui lui eût paru un cas de conscience : honneurs, flatteries, prières, argent, pour rien au monde il n'eût consenti à *faire un succès* à une œuvre ou à un artiste même médiocre ; pas plus qu'il n'eût prêté sa plume à un *éreintement* de parti pris. Dieu sait pourtant de quelles immenses ressources il aurait pu disposer dans l'un ou l'autre cas !

Il y a peut-être bien loin de sa manière d'agir à celle qui est employée, de nos jours, par certains critiques tambourinaires dont la plume et la conscience se cotent à si bas prix, que leur vénalité constitue souvent le plus gros bagage de leurs connaissances.

Ce fut aussi à cette époque qu'il composa bon nombre des morceaux que nous aurons à citer, affirmant peu à peu son talent et préparant cette belle œuvre de *Lara*, qui fut, en même temps que son vrai début, son plus grand succès.

CHAPITRE IV

Lara.

Deux hommes de bon ton, de bonnes manières, de bonne éducation, vivant à l'é-
tranger, sont comme des corps flottants
dans un fluide qui n'est pas leur élément vi-
tal, et se trouvent forcément attirés par ce
que l'on pourrait désigner sous le nom de
vibrations ondulatoires de la patrie.

C'est à Naples que de Ruolz rencontra,
pour la première fois, Alexandre Dumas
père, alors en pleine possession de son immense talent et de son incomparable popu-
larité de romancier. C'est là que se scella,
entre ces deux hommes si bien faits pour se
comprendre, cette sincère, cette inaltérable
amitié que Dumas traduisit en pages si sublimes écrites sur de Ruolz, qu'elles for-
ment, pour nous, comme le plus beau, le

plus sûr, le plus grand des éloges qu'il soit possible de faire de lui.

Nous nous garderions bien d'y changer le *moindre iota,* et nous les reproduisons telles qu'elles ont paru dans un feuilleton du journal *le Siècle,* intitulé : *Un Alchimiste au XIXe siècle,* ainsi que dans la *Gazette musicale* de janvier 1836, sous le titre : *Une Mort, un Succès, une Chute.* La mort était celle de Bellini, décédé à Puteaux, le 23 septembre 1835 ; la chute, celle d'Orsini, dans *Pia de Tolomei.*

Après avoir raconté : le trouble jeté dans la colonie napolitaine par la mort de l'auteur de *la Norma* et des *Puritains* ; les querelles entre les bellinistes et les donizettistes, querelles d'autant plus vives que les dames, pour lesquelles la musique du jeune maître avait été spécialement écrite, et qui conservaient toutes dans leur salon le portrait *del gentile maestro,* y prenaient une grande part ; l'union des deux partis pour honorer la mémoire de l'illustre défunt ; la souscription ouverte par les élèves du Conservatoire pour

lui faire des funérailles ; l'opposition du ministre des cultes à cette fête mortuaire, sous
prétexte que Bellini était mort sans sacre-
ments ; enfin, le refus de Sa Majesté elle-
même, à qui on avait demandé la permission
de chanter, à Santa-Chiara, la fameuse messe
de Winter, refus ayant pour prétexte que ce
Requiem ayant été exécuté aux funérailles de
son aïeul, ne devait pas être chanté pour un
musicien, Dumas s'exprime ainsi :

« Puis, comme les jours poussent les
jours et qu'un soleil fait oublier l'autre, un
événement à venir commençait à faire diver-
sion à l'événement passé. On parlait comme
d'une chose incroyable, inouïe, et à laquelle
il ne fallait pas croire, du reste, avant plus
ample informé, de la présomption d'un musicien français qui, lassé des ennuis qu'ont à
éprouver les jeunes compositeurs parisiens
pour arriver à l'Opéra-Comique, ou au grand
Opéra, avait acheté un drame à l'un de ces
mille poètes librettistes qui marchent à la
suite de romans, et qui de plein saut et pour

son début, venait s'attaquer au public le plus connaisseur de l'Europe et au théâtre le plus dangereux du monde. A l'appui de cette opinion sur eux-mêmes et sur Saint-Charles, les *dilettanti* napolitains rappelaient, avec la béatitude de la suffisance, qu'ils avaient tué Rossini, sifflé la Malibran, et ne comprenaient rien à la politesse française qui se contentait de leur répondre en souriant : Qu'est-ce que cela prouve?

« Une chose encore nuisait à mon pauvre compatriote ; j'aurais dû dire deux choses : il avait le malheur d'être riche, et le tort d'être noble, double imprudence des plus graves de la part d'un compositeur, à Naples, où on est encore à ne pas comprendre le talent qui va en voiture, et le nom célèbre qui porte une couronne de vicomte.

« Enfin, comme un point plus sombre, sur ce sombre horizon, une cabale, chose, il faut l'avouer, si rare à Naples qu'elle est presque inconnue, menaçait pour cette fois de faire infraction à la règle et d'éclater en faveur du compositeur étranger. Voici comment elle s'était formée, je la raconte moins à cause de son importance que parce qu'elle me conduit tout naturellement à parler des artistes.

« La direction du théâtre Saint-Charles avait, sur la foi de ses succès passés, engagé la Rouzi pour soixante représentations, et cela à mille francs chacune ; il était donc de son intérêt de faire valoir une pensionnaire qui lui coûtait par soirée la recette ordinaire d'un théâtre de France ; en conséquence il avait exigé que le rôle de la *prima donna* fût écrit pour la Rouzi. Mais par une de ces fatalités qui rendent les dilettanti de Saint-Charles si fiers de leur supériorité dans l'espèce, la nouvelle *prima donna*, fêtée, adorée, couronnée six mois auparavant, était venue tomber à plat, et si j'osais me servir du terme de coulisse, faire un *fiasco* complet à Naples. On avait trouvé généralement qu'il était absurde à l'administration de payer mille francs par soirée un reste de beauté, un reste de talent, un reste de voix, tandis qu'en ajoutant mille francs de plus on aurait pu avoir la Malibran, qui était le commencement de tout ce dont l'autre était la fin ; en conséquence de ce raisonnement, une espèce de bande noire s'était attachée aux ruines de la Rouzi et les démolissait en sifflant dessus chaque soir.

« Dès lors l'administration avait compris deux choses : la première, c'est qu'il fallait obtenir de la nouvelle pensionnaire qu'elle réduisît de moitié le nombre de ses représentations, et les dégoûts qu'elle éprouvait chaque soir rendaient la négociation facile ; la deuxième, c'est que c'était une mauvaise spéculation de soutenir un talent qui n'est pas adopté, par un opéra qui ne pouvait pas l'être ; en conséquence, le rôle de la *prima donna* était passé des mains de la Rouzi dans celles de la Tachinardi, dans la voix de laquelle, au reste, il n'était pas écrit, celle-ci étant un *soprano* de la plus grande étendue ; de là l'orage dont nous avons signalé l'existence.

« Quelques personnes s'étonneront peut-être qu'une femme, dans la position théâtrale de la Rouzi, ait eu le pouvoir de réunir une coterie, de former une cabale, d'organiser un complot, et demanderont pourquoi elle n'employait pas à son bénéfice propre ce qu'elle comptait déployer au détriment d'autrui ? A ceci je répondrai : 1º que les moyens employés en France et en Italie par certains artistes et dans certaines occasions ne rentrent pas toujours dans le domaine de la critique littéraire ; et 2º qu'un bâtiment qui s'écroule ne peut plus abriter ceux qui l'habitent, mais peut encore tuer ceux qui passent.

« Au reste, la Rouzi écartée, la troupe de Saint-Charles restait toujours la plus belle et la plus complète de toute l'Italie ; elle se composait des trois éléments musicaux nécessaires pour faire un tout : d'un ténor *mezzo caractère*, d'une basse et d'un *soprano ;* par bonheur encore ces trois éléments étaient aussi parfaits qu'on pouvait le désirer ; ils avaient nom : Duprez, Ronconi et Tachinardi.

« Duprez dont le nom est connu de nos lecteurs et que quelques-uns d'entre eux se rappellent avoir vu débuter au théâtre de l'Odéon, a passé les Alpes en 1828 et est devenu depuis le premier ténor de l'Italie. C'est une des voix les plus développées qui existent, et je l'ai entendu donner avec la poitrine, les notes que les autres ne donnent ordinairement qu'avec la voix de gorge ou de tête ; du reste, acteur dramatique consommé et même compositeur.

« Ronconi est un jeune homme de vingt-trois ans, inconnu, je crois, en France, et qui se sert d'une magnifique voix de baryton, que le ciel lui a octroyée, sans se donner la peine d'en corriger les défauts ou d'en développer les qualités. Engagé par un entrepreneur pour la somme de vingt-quatre mille francs par an, le pauvre diable en touche trois ou quatre mille seulement, ce qui lui donne une excellente cause pour ne pas étudier, attendu que lorsqu'il étudie, dit-il, on l'entend, et que lorsqu'on l'entend il ne peut pas faire répondre qu'il n'est pas chez lui.

« La Tachinardi, qui, je crois, est engagée pour l'année prochaine au Théâtre-Italien de

Paris, est une espèce de rossignol comparable à Madame Damoreau pour la méthode et l'étendue des moyens ; du reste voix jeune et pure, sans jamais être dramatique ; talent intelligent sans jamais devenir ni mélancolique, ni passionné ; figure froide et jolie ; brune qui chante blond.

« Voilà quels étaient les artistes chargés de représenter le poème de *Lara*.

« Lorsque j'arrivai à Naples, l'ouvrage était en pleine répétition ; c'est à dire qu'on l'avait mis à l'étude le 8 novembre et qu'il devait passer le 19 dudit mois ; ce qui faisait onze répétitions en tout, pour un ouvrage de premier ordre.

« Tous les opéras ne se montent pas cependant avec cette rapidité ; il y en a auxquels on en accorde jusqu'à quinze et même dix-huit. Mais cette fois il y avait ordre supérieur : la reine-mère s'était plainte de ne pas avoir cette année une nouveauté musicale pour sa fête, ce qui ne manque jamais d'arriver pour celle de sa fille ou de son fils ; et le roi de Naples, faisant droit à la plainte,

avait ordonné qu'on jouerait l'opéra du
Français pour faire honneur à l'anniversaire
maternel ; c'était une espèce de victime humaine sacrifiée à l'amour filial. Aussi ne faut-
il pas demander dans quel état je retrouvai
mon pauvre compatriote ; il se regardait
comme un homme condamné par les mé-
decins et qui n'a plus que sept ou huit jours
à vivre. Le fait est qu'en examinant sa position, il n'y avait guère qu'un charlatan qui pût
promettre de le sauver. J'essayai cependant
de ces consolations banales qui ne consolent
pas ; mais à tous mes arguments il répondait
par une seule parole : « Grand gala, mon
ami, grand gala !... » Je lui pris la main, il
avait la fièvre ; je me retournai vers le chef
d'orchestre qui fumait avec une chibouque et
je lui dis en soupirant : « Il a un commencement de délire. » « Non, non, me dit Festa,
en ôtant le tuyau d'ambre de sa bouche, il
a pardieu raison. Grand gala, mon cher
Monsieur, grand gala ! »

« J'allai alors vers Duprez qui faisait dans
un coin des boulettes avec la cire d'une

bougie, et je le regardai comme pour lui dire : Voyons, tout le monde est-il fou ici ? Il comprit ma pantomime avec une rapidité qui aurait fait honneur à un Napolitain.

« Non, non, me dit-il, en s'appliquant la boulette de cire sur le nez, vous ne savez pas ce que c'est que grand gala, vous. »

« Je sortis humblement, j'allai prendre mon dictionnaire, je cherchai à la lettre *G* et je ne trouvai rien.

« Auriez-vous la bonté, dis-je en rentrant, de m'expliquer ce que veut dire *grand gala* ?

— Cela veut dire, dit Duprez, qu'il y a ce jour-là dans la salle douze cents bougies qui vous aveuglent et dont la fumée prend les chanteurs à la gorge.

— Cela veut dire, continua le chef d'orchestre, qu'il faut jouer l'ouverture la toile levée, attendu que Sa Majesté n'aime pas à attendre ; ce qui nuit infiniment au chœur d'introduction.

— Cela veut dire, termina de Ruolz, que toute la Cour assiste à la représentation, et

que le public ne peut applaudir que lorsque
Sa Majesté applaudit, et Sa Majesté n'applaudit jamais !

— Diable ! diable ! diable ! dis-je, ne trouvant rien à répondre à cette triple explication
qu'une triple exclamation ; et joignez à cela,
ajoutai-je pour ne pas rester court, que vous
n'avez plus, je crois. que sept jours devant
vous.

— Et que les musiciens n'ont pas encore
répété l'ouverture, dit Ruolz.

— Oh ! l'orchestre, cela ne m'inquiète pas,
dit Festa.

— Que les acteurs n'ont point encore répété ensemble, ajouta l'auteur.

— Oh ! les chanteurs, ils iront toujours.
dit Duprez.

— Et que je n'aurai ni la force ni la pa-
tience de faire les dernières répétitions.

— Eh bien ! mais ne suis-je pas là ? dit
Donizetti en se levant.

« Ruolz alla à lui et lui tendit la main.

— Oui, vous avez raison, j'ai trouvé de
bons amis.

— Et ce qui vaut mieux pour le succès, ajouta Donizetti, vous avez fait de la belle musique.

— Croyez-vous ? dit Ruolz, avec cet accent naïf et modeste qui lui est propre.

« Nous nous mîmes à rire.

— Allons à la répétition, dit Duprez.

« En effet, tout se passa comme l'avaient prévu Festa, Duprez et Donizetti. L'orchestre joua l'ouverture à première vue ; les chanteurs habitués à jouer ensemble, n'eurent qu'à se mettre en rapport pour s'entendre, et Ruolz mourant de fatigue, laissa le soin de ces trois dernières répétitions à l'auteur d'*Anna Bolena*.

« Je revins du théâtre fortement impressionné ; j'avais cru assister à l'essai d'un écolier, je venais d'entendre une partition de maître. On se fait, malgré soi, une idée des œuvres par les hommes qui les produisent, et malheureusement on prend presque toujours de ces hommes et de ces œuvres, l'opinion qu'ils en ont eux-mêmes.

« Or Ruolz était l'enfant le plus modeste et

le plus simple que j'aie jamais vu ; depuis
trois mois que nous nous connaissions, je ne
l'avais jamais entendu dire de mal des autres ;
et, ce qui est le plus étonnant encore pour
un homme qui en est à son premier ouvrage,
de bien de lui. J'ai trouvé en général beaucoup plus d'amour-propre dans les jeunes
gens qui n'ont encore rien fait, que dans les
hommes arrivés ; et, qu'on me passe le para-
doxe, je crois qu'il n'y a rien de tel que le
succès pour guérir de l'orgueil. J'attendis
donc avec plus de tranquillité le jour de la
première représentation. Il arriva.

« C'est, il faut en convenir, une splendide
chose que le théâtre Saint-Charles un jour
de grand gala. Cette immense et sombre
salle, triste pour un œil français pendant les
représentations ordinaires, prend dans les
occasions solennelles un air de vie qui lui
est communiqué par les faisceaux de bougies
qui brûlent à chaque loge. Alors les femmes
sont visibles, ce qui n'arrive pas les jours
où la salle est mal éclairée. Ce n'est certes
ni la toilette de l'Opéra, ni le fashion des

Bouffes ; mais c'est une profusion de diamants dont on n'a pas idée en France ; ce sont des yeux italiens qui pétillent comme des diamants ; c'est toute la cour avec son costume d'apparat ; c'est le peuple le plus bruyant de l'univers, sinon dans la plus belle, du moins dans la plus grande salle du monde.

« Le soir, contre l'habitude des premières représentations, la salle était pleine ; la foule italienne, tout opposée à la nôtre, n'affronte presque jamais une musique inconnue. Non ! à Naples surtout, où la vie est toute de bonheur, de plaisir et de sensations, on craint trop que l'ennui n'en ternisse quelques heures. Il faut à ces habitants du plus beau pays du monde, une vie comme leur ciel, avec un soleil brûlant, comme leur mer, avec des flots qui réfléchissent le soleil. Lorsqu'il est bien constaté que l'œuvre est du premier mérite, lorsque la liste est faite des morceaux qu'on doit écouter, et de ceux pendant lesquels on peut se mouvoir, oh ! alors on se presse, on s'encombre, on s'étouffe ; mais

cette vogue ne commence jamais qu'à la
sixième ou huitième représentation. En
France, on va au théâtre pour se montrer ; à
Naples, on va à l'Opéra pour jouir.

« Quant aux claqueurs, il n'en est pas question : c'est une lèpre qui n'a pas encore rongé
les beaux succès ; c'est un ver qui n'a pas
encore piqué les beaux fruits. L'auteur n'a
de billets que ceux qu'il achète, de loges que
celles qu'il loue ; auteurs et acteurs sont
applaudis , quand ce parterre croit qu'ils
méritent de l'être, les jours de grand gala
exceptés, où, comme nous l'avons dit, l'opinion publique est subordonnée à l'opinion
du roi ; quand le roi n'y est pas, à celle de
la reine ; quand la reine est absente, à celle
de don Carlos, et ainsi de suite, jusqu'au
prince de Salerne.

« A sept heures précises, des huissiers parurent dans les loges destinées à la famille
royale ; au même instant la toile se leva et
l'ouverture fit entendre son premier coup
d'archet.

« Ce fut donc une chose perdue que l'ouverture, si belle qu'elle fût. Moi-même tout le premier, et malgré tout l'intérêt que je prenais à la pièce et à l'auteur, j'étais plus occupé de cette cour que je ne connaissais pas que de l'opéra qui commençait. Les aides-de-camp s'emparèrent de l'avant-scène. La jeune reine, la reine-mère, et le prince de Salerne prirent la loge suivante, le roi et le prince Charles occupèrent la troisième, et le comte de Syracuse, exilé dans la quatrième, conserva au théâtre la place isolée que sa disgrâce lui assignait à la cour.

« La première marque d'intérêt que le roi donna au théâtre fut de tourner le dos aux acteurs. Quant à la reine, cette attitude qui lui est habituelle, lui est recommandée, dit-on, par son confesseur. La reine-mère, le prince de Salerne et le comte de Syracuse parurent seuls prendre quelque intérêt au spectacle.

« L'ouverture finie, si peu écoutée qu'elle eût été, parut intéresser le public. L'ouverture d'un opéra est comme la préface d'un livre. L'auteur y explique ses intentions, y

indique ses personnages et y jette le pros-
pectus de son talent. On reconnut dans celle
de *Lara* une instrumentation vigoureuse et
soutenue, plutôt allemande qu'italienne, des
motifs neufs et suaves qu'on espéra retrouver
dans le courant de la partition ; enfin une
connaissance approfondie du matériel de
l'orchestre.

« Lorsque le chœur d'introduction commença, le roi prit un livre et se mit à lire.

« Dès les premiers morceaux, je m'aperçus
de la différence qui existe entre l'orchestre
de Saint-Charles et celui de l'Opéra, qui
tous deux passent pour les premiers du
monde. L'orchestre de Saint-Charles consent
toujours à accompagner le chanteur, et laisse
pour ainsi dire flotter la voix sur l'instrument comme un liège sur l'eau ; il la sou-
tient, s'élève et s'abaisse avec elle, mais ne
la couvre jamais. En France, le moindre
triangle prétend avoir sa part des applaudissements de Nourrit ou de Mlle Falcon ; et
alors c'est la voix de l'artiste qui nage entre deux eaux. Ainsi à moins d'avoir dans le

timbre la pureté de Mme Dorus ou la vigueur de Derivis, est-il très rare que quelques mots de chant bondissent hors du déluge d'harmonie qui les couvre ; et encore, comme les poissons volants qui ne peuvent se maintenir sur l'eau que tant que leurs ailes sont mouillées, à peine la voix redescend-elle dans le médium, qu'on n'entend plus que l'instrumentation.

« Un très beau duo entre Ronconi et la Tachinardi passa sans que le roi se retournât, seulement de temps en temps il portait son lorgnon à ses yeux, examinant avec grand soin quelque dilettante, appelait un de ses aides de camp, désignait un individu au parquet ou dans les loges ; l'aide de camp sortait aussitôt, reparaissait une minute après derrière le personnage désigné, disait deux mots à celui vers lequel il était dépêché ; alors celui-ci sortait et ne reparaissait plus. Je demandai ce que cela signifiait, on me répondit que c'étaient des officiers que le roi envoyait aux arrêts pour être venus en bourgeois au théâtre. Du reste, Sa

Majesté paraissait si occupée à l'application
de la discipline militaire, qu'elle n'avait pas
encore pensé à donner aux musiciens et aux
acteurs un signe de sa royale présence ; par
conséquent l'ouverture et les trois quarts du
premier acte avaient passé sans un applau-
dissement.

« Nous comptions tous sur le finale ; c'était
un morceau animé, original et varié. Festa
et Duprez nous l'avaient signalé d'avance
comme l'une des ancres d'espérance de l'ouvrage ; il fut exécuté par l'orchestre et les
artistes avec une rare perfection ; malheureusement Sa Majesté soutenait avec le
prince Charles une discussion des plus vives.
J'ai appris depuis qu'il s'agissait de changer
la couleur des bandes des pantalons de la
garde nationale à cheval.

« Le morceau fini, la toile tomba ; le public
espérait que le roi, selon son habitude, allait
passer dans la chambre qui est derrière la
loge, ce qui lui laisse la faculté d'applaudir.
Mais le prince Charles, à ce qu'il paraît, trouvait l'uniforme parfaitement assorti, ce qui

retint le roi à sa place. Pas un applaudisse-
ment ne put donc se faire jour. Ruolz crut
son opéra tombé et se sauva.

« Le deuxième acte commença, les beautés
allèrent croissant, des flots d'harmonie se
répandaient dans la salle, le public était ha-
letant, c'était quelque chose de merveilleux
à voir que cette puissance du génie qui pèse
sur trois mille personnes qui se débattent et
étouffent sous elle ; l'atmosphère avait presque cessé d'être respirable pour tous les
hommes autour desquels flottaient des va-
peurs symphoniques, chaudes comme ces
bouffées d'air qui précèdent l'orage ; de temps
en temps la belle voix de Duprez illuminait
une situation comme un éclair qui passe ;
enfin vint le morceau le plus remarquable de
l'Opéra ; c'est une cavatine chantée par Lara
au moment où, poursuivi par le tribunal,
abandonné de ses amis, il en appelle à leur
dévouement et maudit leur ingratitude. L'acteur sentait qu'après ce morceau tout était
perdu ou sauvé, aussi je ne crois pas que
l'expression de la voix humaine ait jamais

rendu avec plus de vérité l'abattement, la douleur et le mépris ; toutes les respirations étaient suspendues, toutes les mains prêtes à battre, toutes les oreilles tendues vers la scène, tous les yeux fixés sur le roi. Enfin il se retourna vers les acteurs, et au moment où Duprez jetait sa dernière note déchirante comme un dernier soupir, Sa Majesté rapprocha ses deux mains. La salle poussa un seul et grand cri, c'était la respiration qui revenait à trois mille personnes !

« Le premier torrent d'applaudissements fut comme d'habitude reçu par l'acteur qui salua ; mais aussitôt trois mille voix appelèrent l'auteur avec une unanimité électrique ; il n'y avait plus de rivalité nationale ; il n'était plus question de savoir si le compositeur était Français ou Napolitain ; c'était un grand musicien, voilà tout. On voulait le voir, l'écraser d'applaudissements comme il avait écrasé le public d'émotions ; on voulait rendre ce que l'on avait reçu.

« Duprez chercha l'auteur de tous les côtés

et revint dire au public qu'il était disparu. Le public comprit la cause de cette fuite ; les applaudissements redoublèrent ; au bout d'un quart d'heure, on reprit l'opéra.

« Le dernier morceau était un *rondo* chanté par la Tachinardi, c'était quelque chose de déchirant comme expression ; la maîtresse de Lara, après avoir essayé de le perdre par une fausse accusation, se traîne empoisonnée et mourante aux pieds de son amant en demandant grâce. La Malibran ou la Grisi, en pareille situation, se seraient peu inquiétées de la voix, mais beaucoup du sentiment ; la Tachinardi réussit par le moyen contraire ; elle fila des sons d'une telle pureté, fit jaillir des notes si fleuries, s'épanouit en roulades si difficiles, qu'une seconde fois le roi applaudit, et la salle suivit son exemple. Cette fois l'auteur était revenu : on l'avait retrouvé je ne sais où, dans les bras de Donizetti qui l'assistait à ses derniers moments. Duprez le prit par une main, la Tachinardi par l'autre, et on le traîna plutôt qu'on ne le conduisit sur la scène.

« Quant à moi qui, comme compatriote et comme camarade ; qui, par esprit national et par amitié, avais senti dans cette soirée mon cœur passer par toutes les émotions ; et qui avais appelé ce triomphe de tous mes vœux et de toute mon âme, je le vis s'accomplir avec une pitié profonde pour celui qui en était l'objet ; c'est que je connaissais ce moment suprême et cette heure où, comme le Christ, on est porté par Satan sur la plus haute montagne et l'on voit au-dessous de soi tous les royaumes de la terre ; c'est que je savais que de ce faîte sublime on n'a plus désormais qu'à redescendre. Riche et heureux jusqu'alors, un homme venait de changer son existence tranquille contre une vie d'émotions ; sa douce obscurité contre la lumière dévorante du succès. Aucun changement physique ne s'était opéré en lui, et cependant cet homme n'était plus le même homme, il avait cessé de s'appartenir ; pour des applaudissements ou des couronnes, il s'était vendu au public ; il était maintenant l'esclave d'un caprice, d'une mode, d'une cabale ; il allait sentir son nom arraché de sa personne comme un fruit de sa tige. Les mille voix de la publicité allaient le briser en morceaux, l'éparpiller sur le monde ; et voulût-il le reprendre, le cacher, l'éteindre dans la vie privée, cela n'était plus en son pouvoir ; dût le corps duquel ce nom était séparé maintenant se briser d'émotions à trente-quatre ans, ou se noyer de dégoût à soixante ; dût-il, comme Bellini, succomber avant d'avoir atteint toute sa splendeur ; ou, comme Gros, disparaître après avoir survécu à la sienne. — Signé : Alexandre Dumas.

« Le succès de *Lara* s'accentuant de plus en plus, la *Gazette musicale* le relate de nouveau dans un de ses numéros de 1837, page 160, à propos d'un concert donné au bénéfice des ouvriers lyonnais à la salle du Vauxhall, concert dans lequel quelques fragments de cet opéra avaient été chantés.

« Disons deux mots ce soir de l'opéra nouveau de *Lara* et du succès qu'a obtenu la musique de M. de Ruolz.

« M. de Ruolz, dans la scène de Lara, écrite
pour le grand théâtre de Naples, ne s'est pas
aussi complètement affranchi des formules
italiennes que son propre sentiment musical
l'eût porté à le faire en toute autre occasion ;
cet ouvrage étant son début, il a dû naturellement chercher à réussir par les moyens
qui lui paraissaient les moins dangereux, et
subir la loi des habitudes consacrées, au lieu
de chercher témérairement à les rompre.
Aussi, devant le public élégant qui remplis-
sait la salle du Vauxhall, public plus italien
cent fois que les habitants de Naples et de
Milan, son succès a-t-il été grand. Et cela
malgré le mérite réel de sa composition ; car
elle est conçue largement, le style en est souvent expressif, tout y est bien posé, nettement
dessiné et riche d'harmonie. Il est vrai d'a-
jouter que Duprez, pour qui elle fut écrite
dans l'origine, l'a chantée d'une prodigieuse
façon ; et l'on a pu voir de quels avantages
un chanteur de cet ordre et de cette nature
est évidemment privé dans l'exécution des
rôles qui n'ont pas été faits pour lui. Il serait

donc permis de penser que l'administration de l'Opéra se soit déjà occupée des moyens propres à faire paraître Duprez, au plus tôt, dans un nouvel ouvrage. »

Dumas et la *Gazette musicale* ne furent pas seuls à constater l'éclatant succès obtenu par de Ruolz. Tous les journaux de l'Europe, dont les représentants se trouvaient à Naples, en parlèrent avec les mêmes louanges et en firent les mêmes éloges.

Le *Moniteur officiel*, dans son numéro du 15 décembre 1835, s'exprimait ainsi :

« Un de nos jeunes compatriotes, M. de Ruolz, vient d'obtenir à Naples un succès d'enthousiasme. Nous empruntons à l'un des journaux de cette ville le récit de la représentation du 23 novembre dernier :

« Disons deux mots ce soir de l'opéra nouveau de *Lara* et du succès qu'a obtenu la musique de M. de Ruolz. Il était dans l'inexprimable agitation de l'attente lorsqu'au milieu de la scène du ténor Duprez, des applaudissements unanimes éclatèrent de toutes parts ; le public demanda l'auteur à grands cris. Il n'était pas sur le théâtre; un des chanteurs sortit pour l'avertir; mais applaudi de nouveau et appelé plus bruyamment encore à l'occasion de la scène de la donna Tachinardi, il s'avança pour remercier le public, et certes il put éprouver une joie sans mélange en voyant une salle entière applaudir à la modestie et au mérite du jeune étranger.

« Véritablement l'introduction est gracieuse, le finale du premier acte d'un effet remarquable, le chœur qui accompagne la scène du ténor, de la plus grande beauté, ainsi que la scène de la *donna*. Le triomphe du vicomte de Ruolz a été complet, et il est mémorable pour lui de l'avoir obtenu à Naples.

« Le succès ultramontain de M. de Ruolz lui ouvrira sans doute les portes de l'Opéra italien de Paris. »

L'apparition du choléra à Naples mit fin à la belle carrière que devait fournir cet opéra, en dispersant la troupe; mais, durant cette même année 1837, nous retrouvons

M. de Ruolz à l'une des séances de la Société des Concerts du Conservatoire, avec une scène lyrique : *Marguerite,* chantée par la célèbre Cornélie Falcon.

CHAPITRE V

Jeanne d'Arc.

A l'occasion d'une des fêtes patriotiques les plus populaires : l'anniversaire de la délivrance d'Orléans par Jeanne d'Arc, cette ville ayant organisé, en 1837, un Congrès musical, de Ruolz s'y rendit accompagné de quelques-uns de ses amis.

L'auteur de *Lara* y fut fêté comme méritait de l'être le glorieux vainqueur qui avait eu le courage d'aller planter le drapeau de l'art français sur la terre étrangère, où il avait remporté une si brillante et si éclatante victoire.

On fit appel à son talent et on lui demanda, pour la circonstance, une cantate en l'honneur de la sainte héroïne.

Bien que sa modestie fut une fois de plus mise à une terrible épreuve, notre jeune maître dut se rendre aux nombreux et pressants désirs qui lui étaient exprimés.

Sur des paroles de Cournol, il se partagea la musique avec Schneïtzoeffer et fit, en quelques heures, un ravissant *oratorio* dans lequel la rapidité de la composition n'enlève rien au grand mérite de la conception, ainsi qu'on peut s'en rendre compte en lisant la *Gazette musicale* de 1837, page 186.

Après une description de la salle qui contenait douze cents personnes et deux cent quatre-vingts exécutants, le journal ajoute :

« On remarquait au milieu d'eux plusieurs de nos artistes les plus distingués : MM. Meifred, Venit, Bernard, Rigault, Noblin, Dagorta, Habeneck jeune, Tilmant, Tulou, Lafont, Géraldi, Schneïtzoeffer, de Ruolz, Dauverne, Barizet, Gouffe et enfin Habeneck aîné, le digne chef de ce bataillon d'élite.

. . . .

« A la suite des émotions causées par ces grandes masses d'harmonie, il fallait aux solistes une grande puissance de talent pour

captiver l'attention, et l'attention a été cap-
tivée par eux au plus haut point.

. . . .

« Une voix que les salons privilégiés
avaient seuls entendue jusqu'à ce jour, la
voix si jeune et si fraîche de Mlle de Chancourtois, achevait de donner tout l'éclat à
cette solennité. L'habile cantatrice a donné
le charme de son talent au morceau capital
du Congrès, la cantate en l'honneur de
Jeanne d'Arc. Cette scène lyrique, dont
M. Cournol avait fait les paroles et dont
MM. de Ruolz et Schneitzoeffer, *pressés par
le temps,* s'étaient partagé la musique, est
pleine de beautés pittoresques et dramati-
ques.

« Orléans, suivant le sort de la France, est
près de succomber. A la suite d'une introduction triste et douloureuse, un chœur d'Or-
léanais expriment leur consternation :

Déjà l'Anglais est à nos portes ;
Déjà ses sanglantes cohortes

Menacent nos murs chancelants ;
Femmes, vieillards, faibles enfants,
Que pouvons-nous pour nous défendre ?
Il faut céder, il faut se rendre.

« Une marche guerrière, qui révèle l'approche de l'ennemi, se mêle aux cris de désespoir de la cité. Tout à coup une mélodie nouvelle, grave, pieuse et guerrière tout à la fois, annonce l'arrivée de la vierge inspirée. Elle s'écrie :

Qui parle de céder ? Qui parle de se rendre ?
   Rassure-toi, généreuse Orléans ;
   Rassure-toi, renais à l'espérance ;
Dieu prend enfin pitié des malheurs de la France !

« Elle raconte sa mission, ses visions, les ordres que le Ciel lui donne. Un chœur d'anges vient alors les lui répéter :

   Jeanne, Orléans t'appelle.
   Dieu a parlé : obéis ;
   Confiante et fidèle,
   Lève-toi, sauve ton pays !

« Jeanne entraîne l'armée à l'assaut. On entend d'abord une musique imitant le son des vielles, instrument qui guidait alors les Anglais à la guerre ; puis la mêlée s'engage. Un récitatif nous fait suivre les chances diverses du combat. Après une prière, des cris de victoire se font entendre ; une marche triomphale, une marche française retentit au loin et ramène Jeanne et les guerriers, que le chœur salue d'acclamations et de chants de reconnaissance. Tel est ce petit poème, riche de contrastes. Il offrait aux musiciens des ressources qu'ils ont habilement saisies.

« L'entrée de Jeanne : *Qui parle de céder?* le chœur des anges, le grand air : *Guerriers, déployez l'oriflamme ;* le chœur qui lui répond et les deux marches ont été particulièrement appréciés.

« L'exécution a été fort suffisante ; la musique expressive, savamment travaillée, énergique ; les accents suaves et passionnés de M. de Ruolz ont trouvé de dignes interprètes.

« Au bruit des applaudissements, des couronnes ont été adressées aux auteurs ; ils ont redoublé quand M. de Ruolz, payant son tribut de reconnaissance et celui de l'assemblée, est allé déposer la sienne aux pieds de Mlle de Chancourtois. »

Si nous avons cité souvent la *Gazette musicale* ou reproduit ses extraits dans les appréciations des œuvres de de Ruolz, nous tenons à justifier la confiance qu'elle nous inspire en disant qu'elle comptait, à l'époque, parmi ses rédacteurs : MM. Ad. Adam, Alexandre Dumas père, de Balzac, Berlioz, Berton, Lesueur, Halévy, Listz, George Sand.

Nous croyons, avec raison, que nommer de tels écrivains suffit pour être dispensé de les expliquer ou de les commenter.

CHAPITRE VI

Invasion de l'École allemande.

Il manquait au talent de de Ruolz la consécration que pouvait seule lui donner une grande scène parisienne. Il voulut la conquérir avec *la Vendetta*, dont un des meilleurs morceaux, le duo entre Duprez et Massol, fut chanté au Cercle des Arts le 25 novembre 1837, ainsi que nous l'apprend encore la *Gazette musicale* du 5 décembre suivant :

« Le Cercle des Arts a donné, le 25 novembre, un grand concert, dans lequel M. de Ruolz, l'auteur de l'opéra qui a eu tant de succès à Naples, de *Lara*, a fait entendre un duo sur un sujet sombre et tragique, *la Vendetta*. Est-ce un fragment de la partition qu'il écrit pour notre première scène lyrique sur un poème de Frédéric Soulié ? Quoi qu'il en soit, ce morceau a été joué, devons-nous dire, avec une incroyable vigueur par Duprez, soutenu de Massol. »

Les conditions dans lesquelles de Ruolz se présentait à l'Opéra étaient loin de lui être favorables. On ne lui pardonnait pas d'être allé à l'étranger, sur la seule scène du monde que les maîtres *arrivés* n'abordaient qu'avec une prudence toujours mêlée de la crainte d'y trouver leur roche tarpéienne, cueillir, du premier coup d'aile, de si brillants, de si nombreux, de si durables lauriers. Une haine sourde, ne cherchant qu'une occasion d'éclater, grondait contre lui. Une artiste de grande valeur, Mme de Stolz (Rosa Niva), dite Rosine, régnait rue Lepelletier au moyen d'un triple sceptre : celui du charme, de l'amour et du *chic*; l'un était admis, accepté et toléré par le public; les deux autres, non moins impérieux, s'imposaient à toute l'administration de notre première scène lyrique.

Sans avoir la beauté introuvable de Mme Favart, elle était capiteuse, séduisante et possédait à un très haut degré le sentiment dramatique.

Dès qu'un caprice de la diva eut décidé qu'elle ne devait pas *faire parade devant un ballet*, l'aimable directeur, Léon Pillet, qui la recevait dans les coulisses, à sa sortie de scène, avec un verre de champagne à la main, s'inclina comme l'ont fait, même récemment encore, nombre de ses successeurs ; et *la Vendetta*, malgré ses mérites réels, était condamnée à l'avance.

Le rôle de *Paolo* qui lui était échu, l'obligeant à entrer en scène dès le premier acte, elle se voyait dérangée dans ses habitudes ; de plus agacée par les arrivées tardives, elle se sentait privée des nombreux hommages de tous ceux pour lesquels l'Opéra n'a souvent d'autre but qu'une courte visite, qu'un gracieux sourire apporté à l'étoile du jour.

La pièce n'ayant que trois actes, il fallait pourtant bien terminer la soirée par un ballet. Mais ce n'est pas d'hier qu'est déclarée, ce ne sera pas demain que sera terminée la guerre, au théâtre, entre ces deux puissances, ennemies nées irréconciliables, qui ont nom le chant et la danse.

Dans ce dernier camp brillait, au premier rang, Fanny Essler, dont l'immense succès était d'autant plus pénible pour la Stolz, que la superbe voix de celle-ci était impuissante à couvrir les jambes de sa rivale.

Puis il faut bien avoir le courage de dire ce qu'on n'a pas encore osé écrire. On était sinon las, tout au moins grisé par les éclatants succès de l'école italienne dont on commençait à être saturé, malgré ses beautés de premier ordre.

Les auteurs eux-mêmes s'y trouvaient amoindris par des acteurs tels que : Nourrit, Duprez, Massol, Levasseur, Mmes Falcon, Dorus, etc., qui, accaparant tous les bravos, finissaient par se persuader qu'on n'allait au théâtre que pour eux seuls. Les auteurs, non seulement désiraient, mais réclamaient impérieusement la part qui leur revenait bien légitimement dans les applaudissements.

Puis, comme cause dominante, l'école allemande, que nous n'avons pas à juger artistiquement parlant, mais que nous croyons avoir été, par son introduction en France, le précurseur voulu, le moyen de réussite assuré d'un mouvement politique bien prémédité, venait à toute force s'implanter chez nous et devait y supplanter toutes les autres œuvres de quelque nature qu'elles fussent.

Le testament de la reine de Prusse, si ponctuellement exécuté par l'empereur Guillaume, son fils, existait. Il fallait en préparer les voies pour le temps où la France, étant moins forte, on pourrait se mettre à l'œuvre afin d'en assurer l'exécution.

En attendant que Baden, Spa, Hambourg, allumassent leurs lampions, afin que la diplomatie et l'armée française pussent aller, tout à leur aise, s'y brûler les ailes, en laissant voir à nu le défaut de la cuirasse ; bien avant que des aventuriers interlopes, comme les Païva, les Bauer, etc., pussent demander aussi facilement aux alcôves les plus dorées tout ce qui restait à connaître de nos forces défensives et de nos secrets d'Etat, Meyerbeer, que la gloire de Donizetti, de Bellini et surtout de Rossini, éclaboussait, venait d'arriver à Paris.

Sans maîtresses, sans équipages, sans luxe intérieur ; tout entier préoccupé de son art ; ne se doutant peut-être même pas qu'un génie capable d'enfanter des œuvres d'une envergure telle que : *les Huguenots, le Prophète, l'Africaine,* pût servir un but caché, ce compositeur était bien l'homme choisi pour vaincre toutes les résistances, obéir strictement à une consigne, s'imposer de lui-même envers, contre et par dessus tout.

Comme l'auteur de *Guillaume Tell,* le maître allemand voulant plaire, italianisait son nom en se faisant appeler Giacomo ; mais il avait sur son rival transalpin deux grands avantages : l'ambition avec tout ce qu'il fallait pour la servir, et l'ordre de réussir auquel il se conformait strictement. Si le premier flattait sa personne, le second était d'autant plus facile à exécuter qu'il disposait, pour sa mise en pratique, d'un moyen irrésistible dans le monde artistique : l'argent.

La fortune de Meyerbeer était, paraît-il, très considérable, puisque certains chroniqueurs l'ont évaluée à quarante millions de francs. Le premier, en art théâtral, il comprit qu'il est des temps, des lieux, où il faut savoir être beau joueur ; c'est-à-dire perdre avec grandeur d'âme, avec gaieté de cœur, avec luxe d'à-propos, pour que l'éblouissante semence pût se répandre, germer, lever et rendre au centuple.

Il créa *le Ménestrel*, fonda la maison Brandus, inaugura à l'Opéra ce système de *tenue certaine d'affiche*, si bien appliqué, si bien perfectionné depuis, qui consistait avant tout à garantir, à parfaire un minimum acceptable de recettes quotidiennes, et à déposer, au bon endroit, sa carte enveloppée d'un billet de mille francs à la suite de chaque représentation de chacune de ses œuvres.

Aujourd'hui, plus même qu'alors, l'art semble avoir déserté l'Olympe pour descendre non pas seulement au rang d'industrie, mais au niveau du mercantilisme le plus vil, dans lequel les *habiles*, avec des bouffonneries aussi répugnantes que malpropres, réalisent souvent des fortunes scandaleuses, se donnent un semblant de gloire auquel n'eussent même pas osé prétendre les vrais artistes avec leurs meilleures œuvres. Ce n'est plus un secret pour personne : une pièce, un morceau sont joués, non parce qu'ils sont beaux et bons, mais par la raison seule qu'ils rapportent.

N'avons-nous pas vu, antérieurement à 1870, l'art musical allemand s'implanter en France sous une autre forme, s'y imposer par des moyens encore moins honorables que ceux dont fit usage Meyerbeer, tout en recrutant ses partisans les plus fanatiques jusque sur les marches du trône ? Il n'est pas besoin de démontrer de quel amour brûlait pour notre pays le soi-disant créateur de la *musique de l'avenir*, qui ne rêvait rien moins qu'une mise à l'écart complète des œuvres de tous les autres compositeurs.

Un jour viendra, qui n'est peut-être pas éloigné, où toutes les responsabilités seront nettement dégagées et où l'histoire jugera sévèrement les batteurs de grosse caisse qu'on pouvait supposer n'être que des étour-

dis ou des inconscients. Pour peu que l'on
regarde autour de soi, en se reportant à
quelques années en arrière, on remarque facilement que l'influence allemande n'a pas
précisément périclité dans les pays où domine le wagnérisme.

CHAPITRE VII

La Vendetta.

Il nous manque, pour juger *la Vendetta* comme elle mérite de l'être, le procès-verbal de la Commission du jury chargée de son examen lorsqu'elle fut reçue à l'Opéra, Commission composée de : Meyerbeer, Lesueur, Rossini, Auber, Cherubini, Paër.

Bien que nous sachions, de source authentique, que les conclusions ainsi que le procès-verbal, dans son ensemble, étaient des plus flatteurs, et pour l'œuvre, et pour l'auteur, il nous est à regret impossible de le placer sous les yeux du lecteur. Ce manuscrit que de Ruolz croyait détruit par l'incendie de l'Opéra, dans la nuit du 28 au 29 octobre 1873, aurait été plutôt, d'après M. Nuitter, compris dans les papiers personnels que la Direction d'alors emporta en quittant l'administration de ce théâtre.

A défaut de ce document qui, nous le reconnaissons, eût été d'un intérêt capital, nous n'hésitons pas, après avoir donné un exposé succinct de la pièce, à reproduire les jugements portés sur elle dans les journaux les plus sérieux ; jugements qui, croyons-nous, feront suffisamment voir qu'elle est tombée, ainsi que nous l'avons dit, victime de viles et basses intrigues bien plus que par défaut ou par manque de qualités personnelles.

Le libretto de *la Vendetta* était tiré d'une nouvelle de Mérimée intitulée : *Mateo Falcone*, extraite elle-même du roman de *Colomba*, drame vrai, saisissant, manifeste énergique, sauvage, en faveur de l'hospitalité, nouvelle parue dans la *Revue de Paris*, en 1830 ; mais dans laquelle les auteurs avaient reculé devant le puissant effet d'un dénouement tragique, le seul convenant aux mœurs et aux passions corses.

Au cours d'une haine de famille (1), un Spolazzi, poursuivi par les soldats corses, se réfugie, blessé, chez un Mateo, son ennemi

____

(1) La scène se passe dans les environs de Porto-Vecchio.

naturel, où il y retrouve sa sœur qu'il croyait avoir été assassinée par cet ennemi des siens, mais que Mateo a épargnée pour en faire la femme de son fils. Ce fils, craignant pour sa fiancée, devient jaloux du proscrit auquel, sans le connaître, on a donné asile sous le toit de la chaumière, et sa jalousie le pousse à livrer celui qu'il croyait être un rival aux mains des sbires qui le poursuivaient. Ayant, par cet acte de déloyauté, encouru le mépris de ses voisins, ils viennent écrire sur la porte de la chaumière : *Maison d'un traître*. Le père Mateo rentrant et voyant les belles choses faites par monsieur son fils, en son absence, ne songe à rien moins qu'à le guérir de sa jalousie par un bon coup de fusil. La fiancée survient et explique comme quoi la coquetterie seule a causé ce malentendu : puis Spolazzi, son frère, relâché par les sbires, revient chez Mateo où il corrobore les bonnes raisons de sa sœur. Enfin tous ces braves gens finissent par tomber dans les bras l'un de l'autre et ne faire qu'une seule famille. Ce dénouement, fort peu dramatique et encore moins corse, rentrait mieux dans les habitudes paisibles du bon public parisien d'alors, que les auteurs du libretto avaient sans doute craint d'effaroucher par la peinture d'une véritable vendetta.

La *Gazette musicale* du 13 septembre 1839, après une critique assez sévère du poème, continue ainsi :

« L'ouverture en *sol* majeur et mineur abonde en gammes chromatiques descendantes et en lieux communs d'effets mélodramatiques et cependant d'une bonne entente. Au lever du rideau, après un chœur de femmes qui se mettent à prier la Madone, vient un air de facture italienne chanté par Mlle Nathan avec assez de grâce et de coquetterie. Il y a dans le rôle de Spolazzi quelques récitatifs obligés, quelques fragments d'airs bien déclamés par le compositeur et on ne peut mieux dits par Massol qui a eu les honneurs de la soirée. Sa voix accentuée, bien timbrée et l'énergie toute dramatique qu'il a déployée dans plusieurs parties de son rôle, lui ont fait obtenir de nombreux et de justes applaudissements.

« Le duo entre Spolazzi et Mateo le père, chanté par Levasseur et Massol, est le morceau capital du premier acte ; il est même bien posé dramatiquement par les auteurs du libretto ; la péripétie par laquelle les deux ennemis se reconnaissent est naturelle et bien amenée ; elle ramène l'attention de l'auditeur et rattache bien le second acte au premier, dont ce duo est le finale. M. de Ruolz a cousu à cette belle situation une marche italienne dans le genre de Rossini, peut-être même pas tout à fait assez, dont le motif revient trop souvent. Ce motif est ramené par un *crescendo* appuyé d'un roulement de timbales qui serait d'un bel effet s'il était un peu mieux préparé et plus ménagé.

« Le deuxième acte contient un trio dans lequel le sergent des voltigeurs cherche à séduire Flora Spolazzi, la maîtresse du fils Mateo. La galanterie du militaire, la coquetterie de la jeune fille, la jalousie de son amant sont bien exprimées par le compositeur. Un divertissement chorégraphique intervient ici et nous avons remarqué un fort joli pas de Burnous, on ne peut mieux exécuté par Mlles Fitz-James et Maria. La musique de ce pas est vive, légère, spirituelle et fait généralement plaisir. Alizard vient mêler à ce divertissement sa voix retentissante et rappeler, en trois longs couplets, au détachement des soldats qui sont là, les droits imprescriptibles de la Corse à la liberté.

« Le troisième acte qu'on annonçait comme renfermant des choses très remarquables en musique, s'ouvre en effet par un chœur de femmes d'un beau caractère. Le bruit de l'orage, qui se mêle au chant de ces femmes déplorant le malheur du fils de Mateo ; les couplets fort bien chantés par Mlle Nathan dans cette scène, tout cela est d'un très bel effet. Le quatuor *con cori* dans lequel ce chœur vient reprocher sa trahison à Mateo, est bien posé comme scène musicale ; ce morceau se distingue par un large et bel emploi des masses chorales ; elles se préparent, se dessinent bien sans aboutir pourtant à l'effet énergique que demandait ce mot terrible :

Vendetta. » — Signé : Henri Blanchard.

Le *National* du 13 septembre 1839, peut-être plus sévère encore pour le libretto que la *Gazette musicale*, s'exprime ainsi qu'il suit :

« On comprend que M. de Ruolz avait beaucoup à faire pour ne pas être monotone avec un poème ennuyeux. S'il a donné les preuves d'une grande science d'instrumentation, il n'a pourtant pas assez varié ses effets ; la corde passionnée domine dans sa musique ; l'âme a toujours chanté ; le souffle lyrique a emporté l'esprit. Dans cet ordre d'idées l'auteur a déployé beaucoup de talent. Le troisième acte surtout, où il est secondé par une situation dramatique, a montré que l'Académie royale de musique ne fondait pas de vaines espérances sur le talent du jeune compositeur. M. de Ruolz était là dans son élément ; il fallait faire gronder l'orchestre comme un orage ! La partition de la *Vendetta* a valu à M. de Ruolz une véritable ovation ; il a été amené sur la scène par les acteurs de l'Opéra, mais MM. Léon et

Adolphe, auteurs du poème, n'ont pas été demandés. »

Le même journal du 16 septembre suivant en déclarant qu'il n'a voulu en rien blesser les Corses lorsqu'il a, dans la critique du poème, parlé des mœurs de ce pays, attribue la malencontreuse interprétation de sa phrase aux « sortes de vers barbares » du libretto et ajoute en parlant encore de la musique :

« Malgré cette incorrection et ce laisser-aller de style, le succès de la *Vendetta* se consolide. Nous n'avons jamais mieux compris le pouvoir de la musique. La partition de M. de Ruolz renferme de réelles beautés; à la deuxième représentation l'exécution a été pleinement satisfaisante ; toutes les voix ont fait leur devoir. » — Signé : H. L.

Non moins sévère pour le livret que ses précédents confrères, le correspondant du *Constitutionnel* du 16 septembre 1839 nous dit :

« Ce livret est tombé, comme toujours, sur un jeune homme qui débutait sur notre

scène lyrique. M. de Ruolz a lutté avec courage contre son poème ; il a, à force de réso-
lution et d'ardeur, échauffé tout cela par sa
musique. M. Berlioz eut aussi à lutter contre
le premier poème qui lui ait été confié.

« M. de Ruolz en voulant être fort partout
a fait tort lui-même aux belles choses que sa
partition renferme. Cette exagération em-
pêche l'auditeur de remarquer ce qui est
digne d'applaudissements et d'éloges. Il y a
cependant beaucoup de choses à distinguer
dans cet opéra. L'introduction du premier
acte est originale et gracieuse ; la prière à la
Madone est d'une grande nouveauté. Le
chœur des chasseurs, sur un mouvement de
valse, sera bientôt populaire. La mélodie en
est élégante et vive. Le duo des basses, au
milieu de quelques réminiscences, renferme
des beautés qui appartiennent à M. de Ruolz.
Le meilleur morceau du troisième acte est
un *quintette* avec accompagnement de chant
taillé comme un finale, et vigoureusement
traité. Le duo entre le père et le fils et le trio
qui suit, lorsque Flora intervient, gagne-

ront à être entendus souvent et à être chantés moins fort. » — Signé : Ed. O.

Nous ne pouvons mieux achever le compte rendu de cette pièce qu'en citant un critique dont l'antipathie d'école, jointe à l'honorabilité personnelle, est une deuxième garantie d'impartialité.

Berlioz, dans le *Journal des Débats* du 14 septembre, s'exprime ainsi :

« M. de Ruolz nous fit, il y a un an, dans un journal, sa profession de foi musicale. L'objet de son culte, disait-il, était Rossini : il le prenait pour modèle et l'étudiait constamment. Depuis lors ses idées se sont modifiées, sans doute, car sa partition de *la Vendetta* semble indiquer une prédilection marquée pour le style et les habitudes musicales de Donizetti. »

Après avoir reproché à de Ruolz de s'être peut-être trop préoccupé de l'exécutant, d'avoir sacrifié pour lui plaire des tournures que son bon sens musical eût repoussées, sans doute, si la réussite de lui faire sa cour ne l'eût entraîné à les rechercher de préférence à toute autre, Berlioz critique très sévèrement : et la fureur avec laquelle les chanteurs recherchent les applaudissements, et le peu d'intelligence de certains publics qui n'applaudissent point un morceau lent, doux et tendre sans les minauderies les plus ridicules, les contorsions de gosier les plus pénibles, et l'obligation d'entendre invariablement ou des cris, ou des roulades ; puis enfin, toujours et partout, le point d'orgue qu'il appelle la plus grande de toutes les stupidités musicales.

Revenant à de Ruolz en qui, dit-il, l'habitude d'écrire manque encore pour l'orchestre surtout, malgré que les chœurs au contraire soient bien disposés pour la facilité et la sonorité de la voix, Berlioz continue :

« Il me sera plus aisé maintenant d'accomplir le reste de ma tâche en signalant les belles parties de cette partition :

« La prière des jeunes filles devant la Madone est gracieuse, d'une expression vraie ; le duo entre Massol et Duprez a une *stretta* chaleureuse, bien conduite, bien accompagnée ; les couplets du montagnard corse seront mieux appréciés aux prochaines représentations ; c'est vigoureux, franc, et les instruments de cuivre y sont employés avec à-propos et bonheur. Ce qu'il y a de mieux incontestablement dans toutes les parties de *la Vendetta*, c'est le grand chœur à deux mouvements du troisième acte. L'*adagio* est dessiné sur la coupe ordinaire des morceaux italiens de cette nature ; il contient une pédale sur laquelle passent divers accords dramatiquement enchaînés ; l'*allegro*, morceau remarquable qui n'appartient qu'à l'école du beau, fait le plus grand honneur à M. de Ruolz. La grande progression chromatique de la *coda* et l'unisson des voix pendant qu'un silence de l'orchestre laisse le chœur à découvert, produisent un effet qui suffirait au succès de cet acte. Rendons maintenant justice aux acteurs. . . . .

« Le pas de deux, dansé par Mlles Nathalie Fitz-James et Maria, a fait grand plaisir. Les décors et les costumes sont sans nulle prétention. » — Signé : H. Berlioz.

« La Vendetta » fut approuvée par M. le Ministre de l'Intérieur, pour l'Académie royale de musique, le 10 septembre 1839, et représentée, la première fois, le 11 du même mois.

Les dépenses faites pour monter cette œuvre, par l'Administration de l'Opéra, se sont élevées à la somme totale de 7871 fr. 87, chiffre qui nous dispense de tout commentaire.

Nous devons ces derniers renseignements à l'extrême obligeance de M. Nuitter, l'aimable archiviste de notre Académie nationale de musique.

CHAPITRE VIII

De Ruolz jugé par un Français et par un Etranger.

A tous ces témoignages, si flatteurs pour
de Ruolz, nous ne pouvons nous empêcher
d'en ajouter un auquel nous attachons d'autant plus de prix qu'il nous a été donné personnellement par une des célébrités de la
critique artistique contemporaine : nous
avons nommé notre excellent et infortuné
ami, feu Maurice Christal, qui fut, pendant
quarante-cinq ans, le savant chroniqueur du
Temps, des *Débats*, de l'*Illustration*, du
Ménestrel, de la *Revue suisse*, de la *Revue
contemporaine*, dont l'éloge est d'autant
moins à faire qu'il a été, selon nous, l'homme
ayant possédé au plus haut degré le sentiment musical; et le seul qui eût divinisé
cet art s'il n'était d'origine olympienne.

Dans une lettre qu'il nous écrivait sur de

Ruolz, nous trouvons cette appréciation remarquable par la source d'où elle émane et à laquelle nous nous garderions bien de changer le moindre mot :

« Berlioz avait fait attention à un article de huit grandes pages écrit par moi sur de Ruolz, à la suite d'une lettre de Rossini, à cause de cette remarque dans laquelle j'avais signalé que, dans la musique de Ruolz, se trouvait une particularité originale tenant à l'esprit même très divers, très primesautier, très spontané, *très humain* et *très tzigane* à la fois de M. de Ruolz. Rossini fut frappé de la particularité exceptionnelle de cette musique mondaine et profonde, charmeuse et *originelle*, savante et facile, qui n'avait rien d'Auber, notez-le bien, encore moins d'Ad. Adam, et que son *ingegno* inénarrable pouvait seul expliquer.

« Comme compositeur je le classe, mais dans un autre genre, au même rang qu'Auber et immédiatement avant Adam.

« Je crois que mon article sur M. de Ruolz vous satisfera, car il donne juste le point de cet esprit fait pour séduire, et qui a traité la musique avec tact, avec science, avec habileté, avec charme ; avec toutes les qualités qui font que moi qui, depuis quarante-cinq ans, ai entendu toute la musique en Europe ; qui ai joui du contrôle historique des plus belles auditions à Vienne, Munich, Londres, Madrid, Pétersbourg, Moscou, Berlin, j'ai gardé le souvenir très présent et très précis de ce compositeur remarquable qui n'a pu passer sans être remarqué et très remarqué. L'estime qu'avait pour lui Rossini est toute favorable à son nom, car Rossini était difficile. Son suffrage n'était pas banal ; il disait loyalement sa façon de penser et il aimait à admirer M. de Ruolz. C'est sur ces indications que mon article fut écrit.

« J'ai parlé aussi de M. de Ruolz avec Meyerbeer et George Sand, et je vous répète que j'ai un souvenir précis, charmé, de sa musique. Si ce compositeur se fût concentré dans son art, il eût été un Boccherini.

« Aujourd'hui, on ne connaît plus la valeur de ce génie qui, outre ses sublimes *quin-*

lettes, a écrit : des opéras, des symphonies, des oratorios, une foule d'œuvres superbes à présent oubliées par le public banal et par nos critiques ignorants.

« Voilà ce qu'est la gloire. Mais si, dans *le Ménestrel*, vous lisez mon étude sur Beethoven, vous verrez qu'au moins de Ruolz a eu un avantage sur lui : c'est qu'il n'est pas mort de faim. »

Il nous serait pénible, même pour la mémoire de Ruolz, dont la vraie galanterie a toujours été une tradition de famille, de ne pas rendre hommage à celle de Christal pour la belle et savante étude qu'on vient de lire. Nous-même nous ne voudrions, pour rien au monde, mériter d'être classé : soit au nombre des *demi-ingrats,* soit dans le rang des *quasi-oublieux*.

Après toutes les pages que nous venons de citer et que nous croyons plus que suffisantes pour faire juger de Ruolz comme musicien, nous aurions dédaigné de relever la manière indélicate et inexacte avec laquelle

Fétis en a parlé, si le peu d'estime que nous inspire ce pauvre personnage n'était subordonné au devoir que nous nous sommes imposé de détruire toutes les inexactitudes qu'il a publiées sur celui qui fut non seulement un compositeur très remarquable, mais un véritable et très grand savant.

Avec l'esprit chevaleresque qui caractérisera toujours notre pays, nous pensons que Fétis doit au moins, autant à son titre d'étranger qu'à son mérite personnel, la brillante situation qu'il a acquise en France. Il n'a pas dérogé à la loi commune, qui lui commandait, *peut-être*, de payer sa dette de gratitude envers sa seconde patrie, en cherchant à ternir, autant qu'il lui a été possible de le faire, et de la manière la plus vile, la plus méprisable, une de nos gloires nationales les plus belles, les plus grandes, les plus nobles, les plus pures.

Sur *douze* lignes qu'il consacre à de Ruolz (*Biographie universelle des Musiciens*, 2me édition, tome 7. Paris, 1864), il y a *quinze* erreurs dont la plus grande partie n'ont pu être commises que sciemment. En 1864, lors de l'apparition de l'ouvrage de Fétis, de Ruolz qui, outre ses œuvres musicales, avait déjà produit : ses procédés de dorure et d'argenture, le bronze phosphuré, l'acier cyanuré, était suffisamment connu pour que de si monstrueuses erreurs ne fussent ni admissibles, ni excusables chez tout homme ayant, si peu que ce fût, le respect de sa plume et de ses lecteurs.

Lorsqu'un livre, si répandu que celui que nous venons de citer, est écrit avec une telle ignorance ou une telle mauvaise foi, au lieu de lui faire les honneurs de nos bibliothèques publiques, ne serait-ce pas de la justice pratique de l'utiliser à l'usage des coquets établissements, si indispensables, qui ornent nos grandes voies ou nos places parisiennes ?

Comme certains de ses compatriotes dont nous aurons à raconter la délicate équipée en parlant des inventions de Ruolz, Fétis était belge. Quelle qu'aurait pu être sa manière de voir sur nous, nous signalons sa mémoire à l'inoubliable reconnaissance de tous les vrais Français qui ont gardé quelques souvenirs des événements de 1870.

Pougin, continuateur de l'œuvre de Fétis, qui, plus encore que son prédécesseur, devait connaître la valeur et le mérite de Ruolz; qui non seulement a confirmé l'intention mauvaise de son devancier; qui l'a approuvée en ne la rectifiant pas ; qui l'a accentuée en augmentant le nombre des erreurs écrites sur celui que nous voulons honorer, a droit aussi, pour ces faits, à nos plus sincères compliments : nous croirions manquer à tous nos devoirs si nous ne lui en faisions parvenir l'expression.

Avec de semblables procédés on peut arriver, dans certains milieux, à se faire citer comme habile; mais il faut encore du temps, heureusement, pour parvenir au degré d'honorabilité qui ne pourra jamais être contesté à celui que de si piètres gens auront vainement cherché à amoindrir.

CHAPITRE IX

Œuvres diverses.

De même que dans l'atelier d'un grand
artiste, on voit souvent éparses nombre d'é-
bauches ou d'études pouvant, au moment où
elles se représentent à l'esprit de l'auteur,
devenir des œuvres considérables par le fini
qu'il leur donnera, de Ruolz, absorbé par
les travaux ultérieurs que nous ferons connaître, a laissé, en musique, outre ce que
nous avons mentionné : 1º deux autres
opéras : *La jolie Fille de Perth* et *Manfred ;* 2º les morceaux détachés dont nous
donnons la liste ci-dessous ; et 3º une foule
de fragments pouvant servir, soit de com-
pléments à des sujets connus, soit de ja-
lons pour des sujets nouveaux.

Pour être véridique nous devons mentionner ici un fait qui nous a été affirmé maintes et maintes fois par Madame de Ruolz, bien que nous n'ayons pu encore en vérifier l'authenticité.

Suivant elle, un des maîtres de la scène contemporaine se serait approprié ?... toute une partie d'un des opéras de Ruolz. De plus, ce même plagiaire aurait employé constamment la grande influence que lui donnait une position prépondérante pour empêcher que l'on ne jouât, soit au théâtre, soit dans un concert, aucun des morceaux du compositeur que nous avons cherché à faire connaître. Nous ne désespérons pas de pouvoir éclaircir bientôt un fait si singulier, afin d'être à même de rendre à chacun ce qui lui appartient.

Une bien faible partie de l'œuvre musicale de Ruolz a été gravée par l'éditeur Richauld. Le reste se trouvait mêlé aux papiers et aux livres garnissant une des bibliothèques de son appartement de la rue Saint-Guillaume.

Que seront devenues, après sa mort, toutes

ces choses si belles, si touchantes, si empoi-
gnantes, que nous lui avons entendu jouer
jadis avec tant d'âme et d'émotion ?

En vue d'écarter de lui, à ses derniers moments, ses amis les plus désintéressés, les
vautours qui l'entouraient, se disputant déjà
ses dépouilles même avant qu'il eût rendu
le dernier soupir, n'ont pas craint, après l'a-
voir emmené à la campagne au dernier moment, de mettre à l'encan, dès qu'il fut décédé, tout ce qu'il possédait, jusqu'à ses dé-
corations et ses souvenirs de famille les plus
chers.

Après avoir assisté à ses funérailles que
nous raconterons ultérieurement, nous avons
été le témoin auriculaire de la mise à sac de
trésors si précieux pour l'Art, pour la Science
et pour l'Histoire : cela, le cœur d'autant
plus navré que nous savions depuis longtemps que de Ruolz ne laissait pas de fortune. L'argent qui, suivant le mot spirituel
d'un homme célèbre, n'est que « le pain des
nullités d'esprit », peut salir des mains
crasseuses ou indélicates, mais il est trop vil

pour s'attacher aux doigts effilés des véri-
tables grands *remueurs d'idées* comme l'é-
tait l'homme célèbre qui nous occupe.

En nous exprimant plusieurs fois son regret de n'avoir pu mieux propager ses idées
musicales et autres, de Ruolz nous a souvent manifesté, vaguement il est vrai, l'es-
poir que peut-être un jour on lui rendrait justice, en popularisant quelques-uns de ces ra-
vissants morceaux dans lesquels il avait mis
toute sa belle âme de poète et d'artiste. Ce
vœu sera-t-il réalisé ?...

Notre tâche consiste simplement à le reproduire, comme tous ceux qui nous ont été
confiés, dans les nombreux moments d'a-
bandon où ce grand méconnu nous racontait,
en vue de l'histoire, comme il l'eût fait à un
confesseur, toutes les péripéties si étranges,
tous les déboires si nombreux et si cuisants,
de sa longue carrière de compositeur, d'inventeur et d'ingénieur.

Espérant qu'un impresario pourra un jour
s'y intéresser, nous en reproduisons la liste

telle qu'elle nous a été dictée par de Ruolz lui-même.

Attendre et Courir.

Lara.

La Vendetta.

La jolie Fille de Perth.

Manfred.

Cantate en l'honneur de Jeanne d'Arc.

Les Nuits de Naples.

Addio à Napoli.

Evelina.

Toujours prêt.

La France (chœur à quatre voix).

Le Cidre du Val Hargneux (chanson).

Renoncer à toi (romance avec accompagnement de cor).

France et Sardaigne.

Rêves d'Allemagne (fantaisie pour violoncelle et piano).

Médora (scène pour contralto).

Regrets (mélodie pour ténor), paroles de Dubos, dédiée à Gilbert Duprez.

La Foi, leçon du vieux curé (romance pour contralto, paroles de Dubos).

La Guerre sainte (pour voix de basse, paroles de David).

Tu m'oublieras (romance pour mezzo-soprano).

Marguerie.

Le Vengeur (chœur).

Fais ce que dois (chœur).

Il reviendra.

L'Apparition (pour ténor, deux cors et piano).

Hymne funèbre et héroïque (pour instruments de cuivre).

Prières (pour quatre voix d'enfants sans accompagnement).

Cavatine (pour soprano), paroles de Fiorentino.

O Salutaris (pour mez.-sop. ou baryton solo avec chœur d'hommes, violoncelle obligé et orgue).

Ave Maria (à trois voix).

Respice inimicos meos (prière pour ténor, chœur d'hommes et orgue).

Requiem et Kyrie (pour triple chœur de mille voix et orgue).

Offertoire pour ténor et baryton (soli avec chœur obligé à quatre parties et orgue).

Offertoire pour mezzo-soprano (soli et chœur de femmes à quatre parties).

Prière du soir à la Vierge (chœur à cinq parties).

Salve regina (duo de ténor et baryton avec chœur).

L'Ange gardien (brouillon).

Salveto flores (pour mezzo-soprano ou baryton).

Trio pour violon, violoncelle et piano.

Quatuor inédit.

Une petite chimère (poésie et musique à revoir).

Trio pour violon, cor et violoncelle (1832).

Quatuor (1830).

J'ai besoin de répandre des pleurs.

Diverses compositions et de nombreux manuscrits incomplets.

FIN

TABLE

—

DOLE. — TYP. CH. BLIND.